全民阅读
中华优秀传统文化
经典系列
刘苍劲 丛书主编

五字鉴

明·李廷机 著
邓启铜 诸 华 点校
张 琼 导读
张雅棋 李羿翯 配音

北京师范大学出版集团
北京师范大学出版社

图书在版编目(CIP)数据

五字鉴/李廷机著．邓启铜，诸华注释．—北京：北京师范大学出版社，2019.2
（中华优秀传统文化经典系列）
ISBN 978-7-303-23691-6

Ⅰ．①五… Ⅱ．①李… ②邓… ③诸… Ⅲ．①古汉语－启蒙读物 ②《五字鉴》－注释 Ⅳ．①H194.1

中国版本图书馆 CIP 数据核字(2017)第 092785 号

营 销 中 心 电 话　010-58805072　58807651
北师大出版社高等教育与学术著作分社　http://xueda.bnup.com

WU ZI JIAN

出版发行：	北京师范大学出版社 www.bnup.com
	北京市海淀区新街口外大街 19 号
	邮政编码：100875
印　　刷：	大厂回族自治县正兴印务有限公司
经　　销：	全国新华书店
开　　本：	787 mm×1092 mm　1/16
印　　张：	18.25
字　　数：	350 千字
版　　次：	2019 年 2 月第 1 版
印　　次：	2019 年 2 月第 1 次印刷
定　　价：	45.00 元

策划编辑：祁传华　魏家坚		责任编辑：李云虎　刘文丽　李双双
美术编辑：王齐云		装帧设计：王齐云
责任校对：韩兆涛		责任印制：马　洁

版权所有　侵权必究
反盗版、侵权举报电话：010-58800697
北京读者服务部电话：010-58808104
外埠邮购电话：010-58808083
本书如有印装质量问题，请与印制管理部联系调换。
印制管理部电话：010-58805079

继承和弘扬中华优秀传统文化
大力加强社会主义核心价值观教育

中华文化源远流长、灿烂辉煌。在五千多年文明发展中孕育的中华优秀传统文化，积淀着中华民族最深沉的精神追求，代表着中华民族独特的精神标识，是中华民族生生不息、发展壮大的丰厚滋养，是中国特色社会主义植根的文化沃土，是当代中国发展的突出优势，对延续和发展中华文明、促进人类文明进步，发挥着重要作用。

中共十八大以来，以习近平总书记为核心的党中央高度重视中华优秀传统文化的传承发展，始终从中华民族最深沉精神追求的深度看待优秀传统文化，从国家战略资源的高度继承优秀传统文化，从推动中华民族现代化进程的角度创新发展优秀传统文化，使之成为实现"两个一百年"奋斗目标和中华民族伟大复兴中国梦的根本性力量。习近平总书记指出："一个国家、一个民族的强盛，总是以文化兴盛为支撑的，中华民族伟大复兴需要以中华文化发展繁荣为条件。""中华传统文化博大精深，学习和掌握其中的各种思想精华，对树立正确的世界观、人生观、价值观很有益处。"

中华文化独一无二的理念、智慧、气度、神韵，增添了中国人民和中华民族内心深处的自信和自豪，也孕育培养了悠久的文化传统和富有价值的文化因子。传承发展中华优秀传统文化，就要大力弘扬讲仁爱、重民本、守诚信、崇正义、尚和合、求大同等核心思想理念，就要大力弘扬自强不息、敬业乐群、扶危济困、见义勇为、孝老爱亲等中华传统美德，就要大力弘扬有利于促进社会和谐、鼓励人们向上向善的思想文化内容。当前，我们强调培育和弘扬社会主义核心价值观，必须立足中华优秀传统文化，使中华优秀传统文化成为涵养社会主义核心价值观的重要源泉。核心价值理念往往与文化传统与文化积淀息息相关、一脉相承。社会主义核心价值观充分体现了对中华优秀传统文化的继承和升华。"富强、民主、文明、和谐，自由、平等、公正、法治，爱国、敬业、诚信、友善"的社会主义核心价值观，既深刻反映了社会主义中国的价值理念，更是五千年中华优秀传统文化的传承与发展。将中华优秀传统文化作为社会主义核心价值观教育的重要素材，以中华优秀传统文化涵养社会主义核心价值观，是明确文化渊源和民族文魄，树立文化自信和价值观自信，走好中国道路和讲好中国故事的必然要求。

2017年1月，中共中央办公厅、国务院办公厅印发了《关于实施中华优秀传统文化传承发展工程的意见》，将实施中华优秀传统文化传承发展工程上升到建设社会主义文化强国的重大战略任务的高度，力图在全社会形成重视中华优秀传统文化、学习弘扬中华优秀传统文化的氛围。由刘苍劲教授组织广东省上百位专家学者历时三年主编的这套"全民阅读·中华优秀传统文化经典系列"丛书，是广东省贯彻落实习近平总书记关于大力弘扬中华优秀传统文化系列讲话精神的重大举措，是具有广东特色、岭南气派的文化大工程。该套丛书真正体现了全民阅读的需要，每本经典都配有标准的拼音、专业的注释、精美的诵读，使不同阶层、不同文化、不同年龄、不同专业的中国人都可以读懂、读通、读透这些经典。通过客观、公正的导读指导，有机会阅读该丛书的读者都能够在阅读中华优秀传统文化经典中受到历史、政治、科学、人文、道德等多方面的启迪，在阅读中弘扬、在阅读中继承、在阅读中扬弃，从而实现树立社会主义核心价值观的目的。

该丛书质量精良，选题准确，导读科学，值得推荐，是为序。

刘苍劲
2018年6月

目 录

导　读　张　琼 1

卷　上

三皇纪 11

五帝纪 16

陶唐纪 28

有虞氏纪 34

夏后氏纪 40

商　纪 48

周　纪 57

春秋纪 61

战国纪 64

秦　纪 76

卷　中

西汉纪 91

东汉纪 107

三国纪 133

西晋纪 137

东晋纪 143

南北朝纪 155

南朝宋纪 155

南朝齐纪 159

南朝梁纪 162

南朝陈纪 164

隋　纪 166

卷　下

唐　纪 175

下唐纪 193

五代梁纪 205

五代唐纪 207

五代晋纪 210

五代汉纪 212

五代周纪 214

宋　纪 216

南宋纪 235

元　纪 245

明　纪 253

导　读

张　琼

　　《五字鉴》是明代李廷机所写的一部蒙学教科书。

　　李廷机（1542—1616），字尔张，福建晋江人，从小家境贫寒，通过刻苦学习，1570年他考中顺天乡试第一名，1583年又以会试第一、进士第二的成绩被授予翰林编修。后来经过累次提拔，李廷机成为国子祭酒，主管国子监——国子监是当时的最高学府。后来，李廷机又在吏部、户部、工部等任职，他管理精细，尽心竭力，很有政绩。《明史》对他做出了这样的评价："廷机遇事有执，尤廉洁，帝知之。然性刻深，亦颇偏愎，不谙大体。"李廷机的书生意气很浓，有自己的主见和坚守，尤其清正廉洁，对官场上的混乱，钩心斗角，相互攻击，李廷机从不同流合污，连上一百二十多道奏章请求辞职，最后才获得皇帝批准。回乡后的第四年，李廷机因病去世，皇帝赐赠少保头衔，给了他"文节"的谥号，算是盖棺定论。

　　《五字鉴》为李廷机所著，写于何时已不可考。《五字鉴》又名《鉴略》，"鉴"是镜子的意思，"以古为鉴，可知兴替"，从历史中总结经验教训是中华民族的优良传统。中华民族高度重视历史，文人都以撰写史书为荣耀。正是因为有这样的传统，才形成了我国历史文献的高度繁荣，我们可以骄傲地说，世界上很少有国家能有我国这样完备的历史记载。李廷机此书，顺应了我国重视历史的传统，目的是对儿童进行历史的启蒙，引发儿童对历史的兴趣，让儿童掌握中国历史文化的基本常识。为此，李廷机用五言一句的韵文概述了中国历史，从上古时代一直到明朝都囊括其中，涉及二十多个朝代，相当于一部简明的"二十一史"。同时，为了便于儿童接受，李廷机顺应了儿童好奇的心理，将神话、传说和逸闻趣事编入其中，增加了历史的可读性。在形式上，《五字鉴》使用五言韵语，形式整齐，又合辙押韵，读起来朗朗上口，正如张志公先生所说，这样的读物，"从声音上说，和谐顺畅，读来上口，听来悦耳；在内容上，或者连类而及，或者同类相比，或者义反相衬，给人的印象特别鲜明突出，容易联想，容易记忆。境界高的，更给人以优美隽永之感"。《五字鉴》一经问世，便受到人们的欢迎，成为蒙馆中与《三字经》《增广贤文》《幼学琼林》并列的蒙学读物。今天我们阅读它，既可以增加对历史的认识，又能受到语言文学的熏陶。

不过，我们今天阅读时，还应当注意里面的历史观。例如，在《夏后氏纪》中，李廷机是这样介绍禅让制的终结的，"禹子启贤良，仁德似父王。传位不逊让，无复遵虞唐"。李廷机认为，大禹将王位传给夏启，是因为夏启的贤德与才能，这很明显是为贤者避讳。又如，在说到商朝的灭亡时，李廷机认为："妲己预国政，祸起在萧墙"，将商朝亡国的原因归结为美色祸国，宣扬了封建时代流行的"红颜祸水"论。再如，李廷机对某些历史人物的评判带有偏见，如关于秦始皇，李廷机对秦始皇统一全国、统一文字、统一度量衡的丰功伟绩置而不论，却片面描述秦始皇的过失，这不足以反映秦始皇的一生；如关于汉武帝，汉武帝一生宏图大业，功过非常明显，李廷机选择了汉武帝求仙问道等事迹，对汉武帝"罢黜百家，独尊儒术"的思想大一统却毫无涉及；如关于王安石变法，李廷机从保守的角度，对其颇有微词，而不是客观地权衡其变法的利弊，等等。这些说明《五字鉴》是存在不足的，其中所反映的某些历史观是不符合我们今天的认知的。李廷机毕竟是封建时代的文人，有着封建文人的局限性，这是今天的读者需要注意的。此外，某些朝代的划分与今天并不一致，如唐代分为《唐纪》与《下唐纪》，将唐代宗之后的历史划分到"下唐"，这就与今天史学界对历史的分期不相吻合，这也是读者需要注意的。另外，李廷机是明代文人，受所处年代所限制，对历史的概述截至明代，今天书中关于清代的部分，当是后人补撰，这也是需要说明的。下面对卷上、卷中、卷下进行简明扼要的概括。

卷上概括了从传说中的三皇五帝到第一个封建大一统王朝——秦朝的历史，包括《三皇纪》《五帝纪》《陶唐纪》《有虞氏纪》《夏后氏纪》《商纪》《周纪》《春秋纪》《战国纪》《秦纪》，共十部分。作者从上古时期的天、地、人三皇开始写起，作为中国历史的起点，按照时间的推移，写出了中华民族由蒙昧到文明的发展过程。有巢氏是传说中构木为巢而居的创始者，燧人氏是传说中钻木取火的发明者，当时用结绳记事的方法，由于年代久远，具体细节已经无法考证了。伏羲发明了文字，创造了八卦，并教人民嫁娶成婚、结网捕鱼打猎、养殖猪牛羊。祝融氏与共工氏争战，共工打了败仗，愤怒之下用头撞击不周之山，力量之大，导致天崩地裂，支撑天的柱子折断了，系挂地的绳索断了，女娲于是炼造五色石以补天，用鳌足支撑四极，用芦灰止住了洪水，天下又恢复了太平。神农氏教老百姓种植五谷，并亲自品尝百草给百姓治病，教老百姓通过物品的交换来互通有无。黄帝治理期间，诸侯互相角逐，黄帝平息了蚩尤作乱，天下诸侯纷纷臣服。黄帝根据观察到的日月星辰的天象，命令手下编造历法，把一年分为四时和二十四节气，又令人制作船只车辆，方便了交通，还发明了音乐。黄帝之后，少昊氏以鸟作为官职的名称，颛顼氏进一步细分了皇历，把孟春作为一年的开始。帝喾氏治理期间，天下太平，无事可记。尧帝在陶唐建都，所以号为陶唐氏。尧帝非常仁德，在他治理期间洪水泛滥整整九年，尧帝命令大禹去治理，大禹在外多年，疏通了河道，多次经过家门而不入。尧帝知道舜很聪明，把自己的女儿嫁给他，并传位给舜。舜帝即位后，下令除掉天下之四凶，于是四方安靖。舜帝在苍梧去世，传位给大禹。大禹制定规矩，教化百姓。仪狄改进了酿酒，将美酒献给禹，禹饮酒后，叹息味美，认为将来一定会有因为酒而亡国的人，于是疏远了仪狄。禹之后，他的儿子启即位，一直传到桀王，历时约四百七十年，这就是夏朝，时间据近年学者推定在公元前2070年到前1600年。因为桀王残暴，老百姓非常怨恨他。商汤原本是夏朝诸侯国商国的君主，而商国是当时最强大的诸侯国，他提出要讨伐罪人桀王，要抚慰百姓，于是天下人都纷纷响应。最终商汤灭夏，并被推选为天子，定国号为"商"，这就是商朝。商朝从成汤开始建立，到商纣王，时间大约在公元前1600年至前1046年，一共持续了五百多年，在纣王手中终结。纣王残暴，放任妲己干预朝政，做炮烙之刑以惩处所谓的犯人，做酒池肉林以娱乐享受，对提出批评的大臣进行残酷镇压。周武王姬发见纣王无道，与诸侯约好讨伐商纣王。周武王与商纣王在牧野激战，战胜了商纣王，纣王自焚身亡，历史的车轮又进入周朝。周朝时间在公元前1046年至前256年，今天的历史学家将周朝分为西周和东周。西周最后一个君主是周幽王，因为"烽火戏诸侯"而闻名，也正因为他的这一举动，导致当西戎攻打时，尽管点燃了烽火却被诸侯视为游戏，无人前来救驾，周幽王最终被杀死。西周灭亡后，进入东周时期。周灵王时，孔子出生了，他有教无类，周游列国，要恢复周礼。与此同时，各个学派也纷纷著书立说，弘扬自己的学说。孔孟之后，周室愈加衰弱，诸侯国愈加强大，当时最强大的有五家，称为"春秋五霸"，分别是齐桓公、宋襄公、晋文公、秦穆公和楚庄王。周赧王对周王室衰微、诸侯不服从号令的局面极为不满，他愤恨秦国的强暴，跟诸侯王约定讨伐秦国，结果触怒了秦昭王，秦昭王下令反击周赧王，周赧王只得俯首谢罪，献出周王朝所有的土地，东周也灭亡了。从西周到东周，一共经历了三十多个君主，朝代持续了八百多年。春秋战国时代，局势更为混乱，诸侯国相互争战，争夺地盘。此时虽然局势动荡，却人才辈出，王翦、管仲、晏子、苏秦、张仪、孙膑、范蠡、介子推、屈原、程婴、商鞅、田单等，都是此时的佼佼者。到战国末期，只剩下七个大国，分别是齐、楚、燕、秦、赵、魏、韩，人称"战国七雄"。最后，由秦王嬴政结束了天下分裂的局面，他吞并了六国，天下重新统一。秦王嬴政统一全国后，认为自己功勋卓著，自称"皇帝"。在他治理期间，他办了几件事，如焚书坑儒，禁止孔子学说，修筑长城，兴建阿房宫，毁掉全国兵器铸造金人。秦始皇驾崩后，胡亥登基。胡亥贪财好色，被赵高蒙蔽。陈胜、吴广起义后，赵高设法除掉了李斯，在大权集于一己之手后，他指鹿为马来试探大臣。不久，赵高派人杀掉了秦二世，立子婴为秦王。子婴就位不久，刘邦带兵入关，子婴自知不是他的对手，主动归降刘邦。这时，天下动荡，群雄逐鹿，佼佼者是项羽、刘邦，两人角逐，最后刘邦胜出，是为汉高祖。

  卷中概括了从西汉到隋朝的历史，包括《西汉纪》《东汉纪》《三国纪》《西晋纪》《东晋纪》《南北朝纪》《南朝宋纪》《南朝齐纪》《南朝梁纪》《南朝陈纪》《隋纪》共十一个部分。西汉从公元前206年至公元25年，是中国历史上继秦朝之后的大一统王朝，与东汉统称为汉朝。汉高祖刘邦登基后，废除秦朝的严刑酷法，分封功臣，却误信谗言，杀掉了功臣韩信与彭越，导致英布起来造反。汉高祖亲自率兵征伐，虽然叛乱最终被平定，但是汉高祖因箭伤发作而驾崩，刘盈登基，是为汉惠帝。汉惠帝为人仁慈，体弱多病，大权遂旁落于吕后之手。吕后大肆分封吕氏族人，天下兵权都落入吕家。吕后逝去，诸吕作乱，在陈平与周勃的谋划下，他们平息了叛乱，扶植代王刘恒登基，这就是汉文帝，之后是汉景帝。汉景帝驾崩后，太子刘彻即位，是为汉武帝。汉武帝追求奢华，好大喜功，发动了与匈奴的战争。他重用卫青，解除了西域的军事威胁，同时又由于穷兵黩武，导致国库空虚。汉武帝为此设置税课司，鼓励富民捐钱买官。汉武帝驾崩后，传位幼子弗陵，是为汉昭帝。汉昭帝驾崩后，因他无子，由汉武帝曾孙刘询即位，是为汉宣帝。汉宣帝驾崩后，太子刘奭即位，是为汉元帝。汉元帝天性仁柔，喜欢儒术，凿壁偷光的故事就发生在汉元帝时期。汉元帝之后，汉成帝登基，成帝之后，继位者为汉哀帝、汉平帝，此时王莽阴谋篡位，改国号为新国，后被刘秀铲除。刘秀是东汉的开国皇帝。东汉王朝自公元25年至220年，有国近二百年。传位到汉和帝时，因皇帝年幼，内臣得以专权，这是东汉皇帝大权旁落的开始。当皇位传到汉献帝时，天下又陷入了动荡之中，最后政权被三家瓜分，历史的车轮又驶进了三国时代。三国时代从220年开始，到280年结束，因为有曹魏、孙吴和蜀汉三家政权，因此历史上称为三国，上承东汉下启西晋，也开启了中国历史上政权的频繁更替时期。西晋由司马炎开创，是为晋武帝，从265年开始，到317年结束，也是历史上朝局动荡、政治黑暗的时期，尽管如此，却出现了很多的名人逸事，人称魏晋风度。晋武帝驾崩后，晋惠帝即位，由于晋惠帝愚昧不堪，群雄竞起，于是爆发了"八王之乱"，在混乱中晋惠帝遇害。晋怀帝、晋愍帝先后即位，但在位时间都不长，后西晋灭亡。东晋从317年开始，到420年结束，局势比西晋更加动荡，虽然经历了十一个皇帝，但整体而言毫无建树，祖逖与刘琨闻鸡起舞有志恢复中原，最终还是失败了。东晋之后，继起的朝代为宋朝、齐朝、梁朝与陈朝，加上之前的孙吴、东晋，合称"六朝"，他们的共同特点是朝代更替频繁，是历史上有名的短命王朝。陈后主被俘后，陈朝灭亡了。杨坚称帝而治，这就是历史上的隋朝。隋朝虽然二世而亡，却统一了全国，结束了之前动荡混乱的局面。在隋文帝的治理下，隋王朝发展农业，轻徭薄赋，惜罪宽刑，天下太平。可惜即位的隋炀帝荒淫奢侈，大兴土木，又贸然挑起战争，导致百姓穷困，天下大乱。太原府留守李渊乘势起兵，隋朝灭亡。

卷下概括了从唐朝到明朝的历史，包括《唐纪》《下唐纪》《五代梁纪》《五代唐纪》《五代晋纪》《五代汉纪》《五代周纪》《宋纪》《南宋纪》《元纪》《明纪》共十一个部分。唐朝从618年开始，到907年结束，是中国历史上又一个大一统王朝，也是公认的中国最强盛的时代之一。唐太宗李世民聪颖过人又虚心纳谏，唯才是举，选贤任能，在他的治理下，出现了"贞观之治"的大好局面。唐太宗驾崩后，传位给太子李治，是为唐高宗。唐高宗温和软弱，宠信武氏，不顾群臣阻止，立其为皇后，与武后一同临朝听政。唐高宗驾崩后，太子李哲即位，是为唐中宗。唐中宗登基不久，就被专权的武后废黜，另立李旦为皇帝，但不久后武后又废掉李旦，而自称为皇帝，改国号为周，并试图立其侄儿武三思为太子。虽然武后专权，但她能够任命贤才，信任狄仁杰，最终还是恢复了李哲的太子之位。在武后治理期间，经济继续发展，百姓安居乐业。武后驾崩后，唐中宗复位，因为感激韦氏在自己落魄之时的鼓励，封韦氏为皇后，与之同决政事。韦后品行不端，被唐中宗察觉，唐中宗虽然没有降罪韦后，韦后却非常畏惧，于是先下手为强，毒死了唐中宗，自己临朝摄政。相王李旦的儿子李隆基举兵讨乱，杀掉韦后，铲除了她的同党。李旦即位，是为唐睿宗。唐睿宗重用姚崇、宋璟。后来，唐睿宗传位给太子李隆基，是为唐玄宗。唐玄宗早期重用姚崇、宋璟，后又任命韩休、张九龄为宰相，虚心纳谏，四海晏然，家家富足，这就是历史上有名的"开元盛世"。不过，唐玄宗晚年穷奢极欲，宠信杨贵妃，放纵安禄山，最终安史之乱暴发，唐朝从极盛转向衰弱。安史之乱最终被平息，唐玄宗退位，即位者是太子李亨，是为唐肃宗。唐肃宗之后，即位者是唐代宗，唐代宗之后，唐德宗、唐顺宗、唐宪宗、唐穆宗、唐敬宗、唐文宗、唐武宗、唐宣宗、唐懿宗、唐僖宗、唐昭宗、唐哀帝先后即位，朝局每况愈下，藩镇割据，宦官专权，党争不断，民不聊生，最后被朱温所取代，历史进入了五代时期。所谓五代，指梁朝、唐朝、晋朝、汉朝、周朝，时间从907年到960年，是中国历史上又一段大分裂时期，分裂了五十余年后，随着赵匡胤的黄袍加身，国家又重新回归一统，是为宋朝。宋朝960年开国，1279年亡国，今天的历史学家将其分为北宋和南宋。宋太祖励精图治，轻徭薄敛，又通过杯酒释兵权的方式消除了开国功臣的威胁，重用宰相赵普，所有重大决策一定要与赵普商议之后再执行。宋太祖驾崩后，其弟赵匡义即位，是为宋太宗。宋太宗任用吕蒙正为宰相，勤于政事，此时百姓富足，天下太平。宋仁宗在位时，人才济济，文臣武将共济一堂，包拯公正不阿，狄青平复西夏，文彦博、欧阳修同心协力治乱持危，韩琦、吕公著尽力国事，虽屡被罢黜却毫无怨言。宋神宗时，他任命王安石进行变法，虽然大家纷纷反对，但宋神宗决心很大，罢免惩处了反对变法的大臣们。宋哲宗登基后，废止了新法，重新起用反对派，司马光得以复出，而苏轼却因为所写的诗句中语带讥讽，而被政敌抓住把柄，不但没有被起用，反而被贬谪到偏远的岭南。宋朝也是中国历史上文化教育高度繁荣的时代，周敦颐、程颐、程颢、朱熹等人都是当时著名的理学家。不过，宋徽宗时期，因皇帝重用奸臣蔡京、童贯导致国内矛盾重重，异象频出。金人入侵，宋徽宗慌乱中禅位太子，是为宋钦宗。由于君臣之间不同心协力，大臣李纲主张举兵抗金，而李邦彦则主张和议，北宋以宋徽宗、宋钦宗被金人俘虏而告终，这就是历史上的靖康之难。二帝被俘后，宋徽宗第九子康王赵构在金陵称帝，是为宋高宗，史上称为南宋。虽有宗泽、韩世忠、岳飞的尽心辅佐，但受到奸臣掣肘，宋高宗本人也无意收复失地，最终岳飞被诬陷，于大理寺中被害。宋高宗之后，宋孝宗、宋光宗等先后即位，但都没有什么建树。宋宁宗与宋理宗时，政权被韩侂胄把持，之后的局势每况愈下，到宋端宗时，元兵大举进攻，文天祥挺身而出，抗击元军，最终兵败被俘。敌人器重文天祥的才华，威逼利诱，终究不能改变他的志向，只得杀害了文天祥，陆秀夫、张世杰都投海自尽，他们的爱国之心感动了无数人，被称为"三杰"。元朝取代了南宋，成为中国历史上第一个由少数民族建立的大一统王朝，时间从1271年开始，到1368年结束。由于民族矛盾与阶级矛盾的日益加剧，元朝走向了终结，被明朝所取代。明朝从1368年开始，到1644年结束，是中国古代历史上最后一个由汉族建立的大一统王朝。明朝初期的皇帝励精图治，崇尚勤俭，减轻赋税，休养生息，使得国力迅速恢复，老百姓安居乐业，国力强盛。明朝中期，土木堡之变后，国力逐渐衰退，到了晚明，由于统治阶层内部矛盾重重，东林党争，宦官专权，朝局混乱，加之天灾人祸，民不聊生，李自成带领农民揭竿而起，使局势更为动荡。1644年李自成率军北上，攻克北京，崇祯皇帝在煤山（也就是今天的景山公园）自缢，明朝的统治就此终结。清朝入关后，历经十个皇帝，后辛亥革命发生，废除了君主制，从此中国走入了新时代。

卷上

伏羲像 宋·马麟

三皇纪

按《通鉴》旧注，以伏羲、神农、轩辕为三皇，以少昊、颛顼、帝喾、帝尧、帝舜为五帝。《史记》改正，以天、地、人为三皇，以伏羲、神农、轩辕、尧、舜为五帝。今从之。

● 乾坤初开张，天地人三皇。
天形如卵白，地形如卵黄。
五行生万物，六合运三光。

乾坤未分，其形混沌，有如卵然。然形不离气，轻清之气，上浮为天；重浊之气，下凝为地；虚灵之气，中聚为人。故谓之三皇，又谓之三才。五行者，谓金、木、水、火、土，相生相克，化为万物也。六合者，谓东、南、西、北、上、下也。三光者，谓日、月、星辰也。按元始天尊《养真传》云：鸿蒙未判之先，未有天地人物，世之气运，有三万六千九百八十一数，周行一十二度，天开于子，地辟于丑，人生于寅，流行已满，天地变更，人物消磨，混为一区，聚成夜台，候其数定，然后复故。发明其象，分辟阴阳，犹如鸡鸟之卵，伏哺日满，自然变化成形。《列仙炼丹记》："天地三变为桑田，三变为沧海。"此亦理之未必可信者。

盘古氏开天辟地图 清·佚名

五字鉴

○ 天皇十二子，地皇十一郎。
　　tiān huáng shí èr zǐ，dì huáng shí yī láng
　　无为而自化，岁起摄提纲。
　　wú wéi ér zì huà，suì qǐ shè tí gāng

天皇氏兄弟十二人，以木德王。地皇氏兄弟十一人，以火德王。其时君无作为，自然而俗化；又无甲子，不辨春秋。但验草木生死荣枯，称为一度，故曰摄提。摄提者，太岁在寅也。至大挠始造甲子，改提为岁。

天皇定干支甲子图　清·佚名

人皇九兄弟，寿命最延长。
各万八千岁，一人兴一邦。
分长九州地，发育无边疆。

人皇氏兄弟九人，以土德王。彼时无文墨，其出处皆不可考。按古本旧注，天皇、地皇、人皇氏各万八千岁，相传一百五十世，共得四万五千六百年。兄弟分处九州之地。盖九州者，冀州、兖州、青州、徐州、扬州、荆州、豫州、梁州、雍州也。其后子孙蕃衍，难以数计。《通鉴》载人皇氏之后，又一百五十世，相传与五龙纪、摄提纪、合洛纪、叙命纪，然后传与有巢氏。其事虽无可据，亦载以备考。

人皇分山川九区图 清·佚名

三皇纪

○ 有巢氏以出，食果始为粮。
构木为巢室，袭叶为衣裳。

《礼记》曰：其时人民不知耕种，惟采果实以为食；不知架造，惟巢林木以居；不知纺织，惟袭树叶以为衣。

有巢氏教民架屋图　清·佚名

三皇纪

燧人氏以出,世事相迷茫。
钻木始取火,衣食无所妨。
结绳记其事,年代难考详。

上古无名姓,但以所作之事为号,燧人氏始教民钻燧取火,置器煮食,故号曰燧人氏。其时无文字,记事结绳,大事结大绳,小事结小绳,所以年代皆不可考。其纪三皇各万八千岁者,殆不足信也。

燧人氏教民熟食图　清·佚名

五帝纪

wǔ dì jì

　　fú xī shì yǐ lì,　rén zhì zì yì cháng
● 伏羲氏以立，人质自异常。
　　shé shēn ér niú shǒu,　jì shì wú wén zhāng
　蛇身而牛首，继世无文章。
　　zhì zì zào shū qì,　huà guà míng yīn yáng
　制字造书契，画卦名阴阳。

> 　　伏羲姓风氏，姓者承其祖宗之所自出，氏者别其子孙之所自分，伏羲代燧人而立，形容怪异，蛇身牛首，头生两角。其时未有文墨，命其臣苍颉，观兽蹄鸟迹之象，而造书契，以代结绳之政；画八卦作乾、坎、艮、震、巽、离、坤、兑，以占吉凶阴阳。后文王、周公、孔子，乃增著爻象，分为六十四卦。

伏羲八卦治天下图　清·佚名

男女教嫁娶，俪皮为礼将。
养牲供庖食，畜马猪牛羊。

上古人伦不明，男女混处，伏羲始教民嫁娶。古人服用鸟兽之皮，故聘用俪皮以成礼。俪者，对也，取成双之义也。又教民结网取鱼猎禽兽，畜牺牲，以供庖厨之用，故号曰庖牺氏。

禹娶涂山图 清·佚 名

五帝纪

五字鉴

○ 祝融共工氏，交兵相战争。
共工不胜怒，头触周山崩。
上惊天柱折，下震地维穿。

祝融、共工皆当时诸侯，两相争战。共工不胜而怒，以头触山，其山崩裂。震动天柱折，地维穿。后人名其山曰不周山。

女娲兴兵征共工图 清·佚 名

○ 女娲氏以立，炼石以补天。
断鳌足立极，地势得其坚。
聚灰止滔水，天地复依然。
传代十五世，不可考根源。

女娲亦风姓，或云仙女，或云伏羲妹。见天崩地缺，乃炼五色石以补之。当时有鳌负山，游戏四海，致地力不坚。女娲断其四足，以立四极，于是地平天成。惟有滔水泛滥，民受其害，女娲聚芦灰止之，由是滔水消涸，人物安然。但断鳌足立四极，石补天，灰止水，于理或未可信。其后相传有共工氏、大庭氏、无怀氏，凡一十五世，然皆无可考，似难强说以诬人。

女娲氏炼石补天图　清·佚名

五帝纪

◉ 神农氏以立，其始教民耕。
斫木为耒耜，衣食在桑田。
亲自尝百草，医药得相传。
教人为贸易，货物并权衡。
传代凡八世，五百二十年。

耜音似。贸音茂。〇神农姓姜氏，以火德王，号炎帝，继风姓而王。揉木为耒，斫木为耜。始教民种五谷，故称之曰神农。其时民多疾，帝以赭鞭鞭草木，采百草而尝之，制为药方，以疗民疾。又置升斗尺秤，日中为市，教民贸易，以其所有易其所无，后传位与帝临魁、帝承，凡八世，共五百二十年。

神农教民种五谷图 清·佚名

● 黄帝轩辕氏,人事渐完备。诸侯始争雄,适习干戈起。

黄帝以土德王,土色黄,故号曰为黄帝。姓公孙氏,又曰姓姬氏,名轩辕。母因见大龟绕北斗枢星,感而生帝。当帝之时,民间器用以渐完备,但列国诸侯各相争竞,乃习干戈兵器,以征不朝。

五帝纪

轩辕氏即黄帝位图 清·佚名

五字鉴

● 蚩尤尝作乱，作雾迷军旅。
帝造指南车，起兵相战敌。
蚩尤被帝擒，杀于涿鹿里。

蚩音痴。○蚩尤，神农氏之诸侯，尝作乱，其人铜头铁额，能作大雾瘴气，遮迷天地，敌兵不能侵。炎帝势衰，轩辕作指南车，兴师以讨，擒蚩尤于涿鹿之野而杀之。由是天下诸侯畏而归之。

轩辕救驾灭蚩尤图　清·佚名

● 龙马授河图，得见天文纪。
伐木作舟车，水陆皆通济。

黄帝游河洛间，见龙马负图，逆水而上，帝跪而受之。其图乃天文之书，有日月星辰之象。时无舟车，陆不能通，水不能济，帝命其臣风后、九牧二人，伐木作舟车，由是水陆皆通。

龙马负河图洛书图　清·佚名

五帝纪

隶首作算数，大挠造甲子。
伶伦制竹筒，阴阳调律吕。
遂有管弦声，音乐从此始。
在位一百年，骑龙朝天帝。

帝命隶首作算数，命师大挠占斗建观星象，造甲子，释天干地支，分金木水火土，定子午卯酉昼夜一十二时。命容臣造历日，分四时八节二十四气。命伶伦取嶰谷之竹，制为十二律筒，以听凤鸣，分六律属阳，六律属阴，以应气候，以和五音而奏之，乐自此作矣。帝之采铜铸鼎，既成，有龙自上而下迎之，帝乘龙上天，后宫大臣从而上者七十二人，小臣不得上者，手持龙须而号，髯拔堕地为弓。《世纪》：帝在位一百年，不知其寿几何。二十五子，名未详。

盘古像·《三才图绘》

伏羲像·清人绘

炎帝像·清人绘

黄帝像·明人绘

● **少昊金天氏**，立位凤凰至。
其世官无名，以鸟为官纪。

少昊名玄嚣，黄帝之子也，以金德王，故曰金天氏。立位之时，有凤集其庭，遂以鸟为官名，如凤鸟氏、玄鸟氏、青鸟氏之类。

少昊命勾龙征黎图 清·佚名

颛顼高阳氏，按时造黄历。
孟春为岁首，一年分四季。

颛音专，乃昌意之子，黄帝之孙也。立位之初，民时混杂，命其臣南正仲等按容成之历而造之，一年分为四季，以孟春建寅，仲春建卯，季春建辰之类。立郊以祭地，置春秋二祀以奠山川社稷之神。

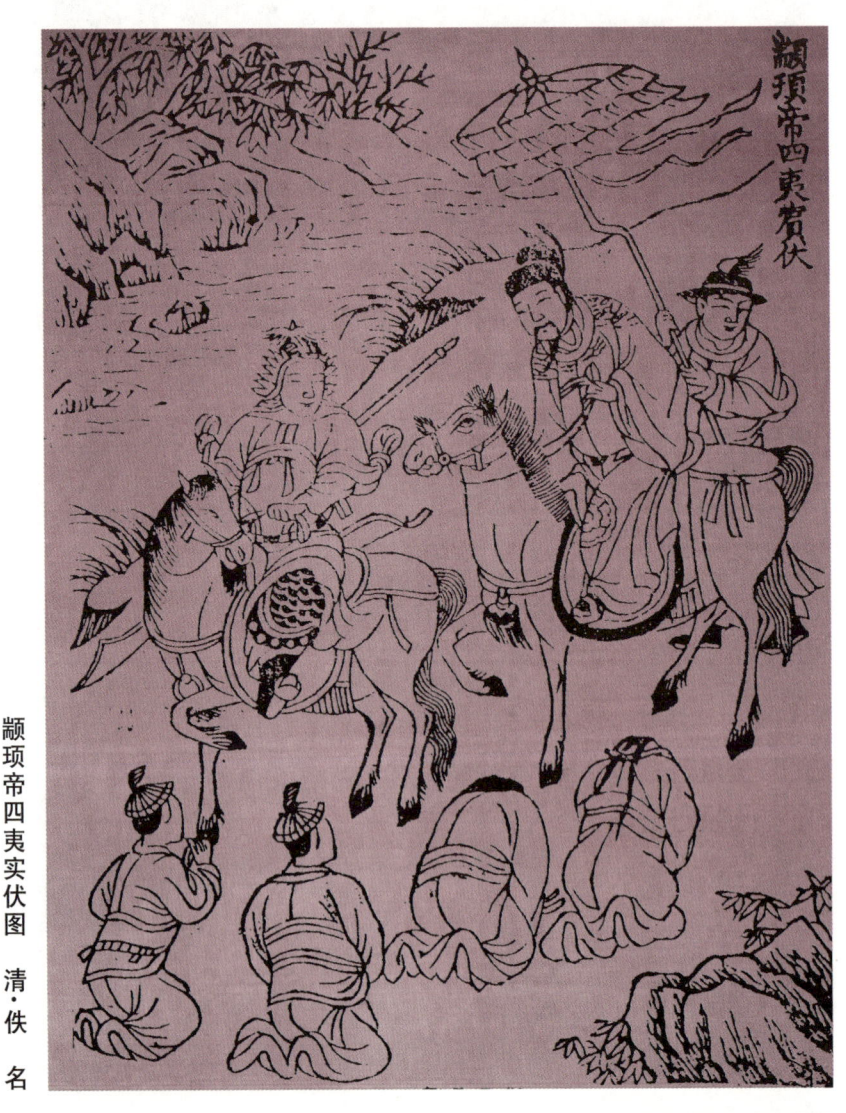

颛顼帝四夷实伏图　清·佚名

帝喾高辛氏，在位八十岁。
天下藉太平，史书无所纪。

> 帝喾，黄帝曾孙也。生而神灵，在位八十年，天下太平，史无载述。

帝喾高辛氏即位图　清·佚　名

陶唐纪 táo táng jì

尧初封唐侯,后为天子。建都于陶,故号陶唐氏。

帝尧陶唐氏,仁德宏天下。
dì yáo táo táng shì, rén dé hóng tiān xià

茅茨不剪伐,土阶为三级。
máo cí bù jiǎn fá, tǔ jiē wéi sān jí

蓂荚生于庭,观验旬朔日。
míng jiá shēng yú tíng, guān yàn xún shuò rì

> 蓂音明。○尧姓伊祁,号放勋,帝喾之子。谥法:翼善传圣曰尧。尧之为人,其仁如天,其智如神。就之如日,望之如云。所居宫室,茅茨不剪,土阶三级。有草名蓂荚,生于庭前,每月初一起,日生一叶,十五以后,日落一叶,月小则一叶偃而不落,观此以知朔望。又有凤凰集于其庭。此皆圣世之符瑞也。

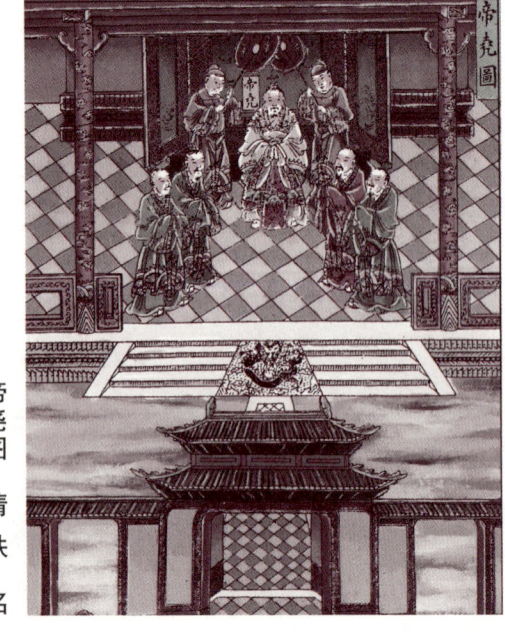

帝尧图 清·佚名

● 洪水泛九年,使禹而敷治。
居外十三春,未入家门视。
通泽疏九河,引水从东逝。

尧末年有九年洪水,舜使大禹治之,禹劳身苦力,居外十三年,三过家门不入。疏九河,通九道,引注于江,东流入海。禹治水有功,封为夏王,后受舜禅。

试鲧治水图　清·佚名

○ 举益治山泽，猛兽皆逃避。
百姓乐雍熙，击壤而歌戏。

上古人稀林茂，禽兽逼人，使益烈山泽而焚，禽兽逃匿，百姓乐业。尧在位五十年，不知天下治与不治，乃微服出游。康衢之人含哺鼓腹而歌曰："日出而作，日入而息，凿井而饮，耕田而食，帝力何有于我哉。"尧知百姓乐业，怡然自得。

帝世时雍图　清·佚　名

大舜耕历山，尧闻知聪敏。
二女嫁为妻，九男遣奉侍。
器械并百官，牛羊仓廪备。
事舜畎亩中，取妻归帝里。

舜姓姚，号重华，谥法：仁圣威明曰舜。颛顼六世孙也。舜少贫贱，耕历山，象鹿助其耕，豹豕与之游，尧闻其贤，以二女娥皇、女英为妻，遣子九人，百官牛羊仓廪备以事舜于畎亩之中，天下之士多就之者，于是尧举而用之，使摄相政。

陶唐纪

帝女观刑图 清·佚名

● 尧老倦于勤，四岳举舜理。
尧立九十年，一百十八岁。

> 尧老倦于政事，乃举舜统率百官，摄行天子之政。史记尧立七十二年，又云九十一年，寿一百一十八岁。

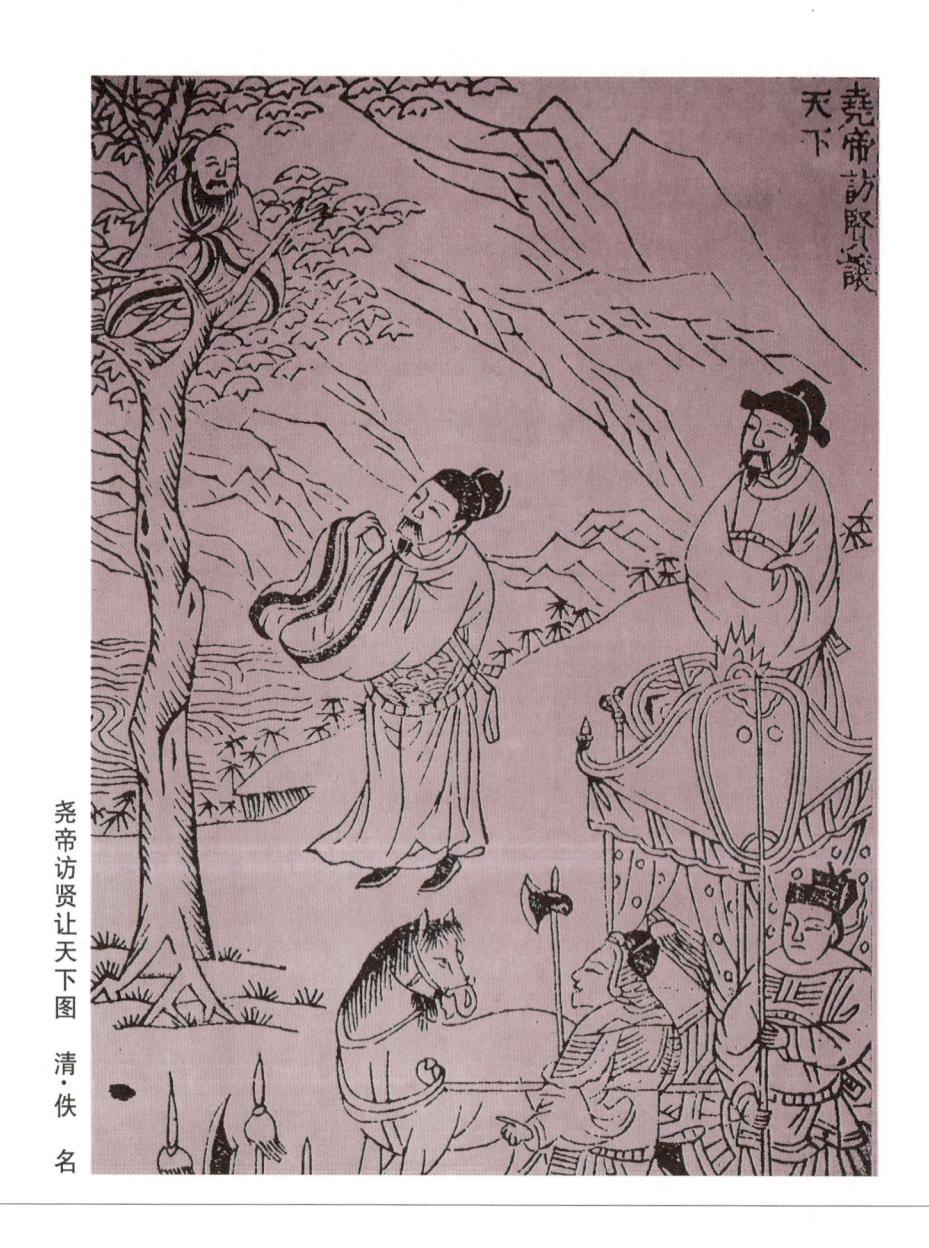

尧帝访贤让天下图 清·佚名

● 舜见尧升遐，避位南河地。
百姓感舜恩，从者如趋市。
天与人归之，回宫即帝位。

天子死曰升遐。尧存日以位让舜，舜见尧升遐，乃避于南河，将位让尧子丹朱。当时之民，讴歌讼狱朝觐者，不归尧（子丹朱）而归舜。于是舜不得已，则践天子之位焉。

宾于四门图 清·佚 名

有虞氏纪

舜之祖勾芒封于有虞之地,故号曰有虞氏。

舜既为天子,国号有虞氏。
初命诛四凶,四境叨恩庇。

> 舜事尧一十有八载,后受尧之禅,而有天下,国号曰有虞氏。当时凶恶之人有四,驩兜、共工、三苗、鲧是也。鲧乃禹之父,皆不守礼法。舜恶而诛之,由是四方安靖,民沾其泽。

四凶服罪图 清·佚名

● 舜昔贫贱时，事亲全孝弟。
父惑于后妻，嫉舜生妒忌。
独爱少子象，象杀舜为事。
浚井与完廪，不死皆天意。
中心不格奸，竭力烝烝乂。

舜父以瞽瞍名者，言不识舜之仁孝，如盲瞽之人也。舜之生母既死，娶后母生子名象，父听其言，尝欲害舜。舜孝，不违亲命。一日使舜浚井，象以土覆井，舜从井旁空穴而出。又使舜完廪，象拔梯纵火焚之，舜挟笠飞身而下。舜终不怨其亲，竭力以事之，既而亲亦感悟豫悦。说者谓舜受尧之仓廪，妻尧之二女，富且贵矣，浚井完廪，岂无供役之人，而自为之耶？不知瞽瞍欲害舜，故使自为，既舜亦未尝不知。第舜孝子，顺受亲命，故以身自为，虽死亦不敢避焉。若使人代为，是违亲命矣，焉得为孝。故孔子曰："舜其大孝也与。"

大孝克谐图 清·佚名

舜陶于河滨，而器不苦窳。
渔钓雷泽间，民皆让居址。
凡有所动移，所居便成聚。

窳音宇。址音止。〇舜少贫贱，造瓦器于河滨，器皆完整无所损坏。渔钓于雷泽之间，民皆附之，让其所居。一年成聚，二年成邑，三年成都，天下之民，不惮远近，皆乐从之。

大麓风雨图 清·佚名

● 及自为帝时，不忘父母志。
不记象旧仇，封象于有庳。

庳音币。○舜尽孝友之道，不以己为天子而违父母之志；不以己之富贵而怀兄弟之仇。封象于有庳之地，使之富贵与共。故孟子曰："仁人之于弟也，不藏怒，不宿怨焉。"

告摄文祖图 清·佚名

五字鉴

○ 四海戴舜功，八荒沾帝力。
闲操五弦琴，歌诵南风句。
解愠阜民财，民乐太平世。

四海八荒之民，皆沾舜化，舜故无为，乃制五弦之琴以自乐，歌"南风"之句以自娱。诗曰："南风之薰兮，可以解吾民之愠兮。南风之时兮，可以阜吾民之财兮。"

审音知政图 清·佚名

● 舜崩于苍梧，二妃悲慕极。
即今斑竹痕，乃是皇英泪。
舜子均不肖，位让夏后氏。
在位五十年，一百一十岁。

> 天子死曰崩。舜出巡狩诸侯，崩于苍梧之野。二妃娥皇、女英倚门攀竹而号，泪洒竹间，即成斑痕。舜之子商均不肖父德，舜以帝位让禹。《世纪》：舜在位五十年，寿百有十岁。

巡守南岳图 清·佚名

夏后氏纪 xià hòu shì jì

夏，禹所封之国也，故以为号。

● 禹王登国畿，身度规矩制。
yǔ wáng dēng guó jī， shēn dù guī jǔ zhì

一馈十起身，慰劳民间事。
yí kuì shí qǐ shēn， wèi láo mín jiān shì

出外见罪人，下车问而泣。
chū wài jiàn zuì rén， xià chē wèn ér qì

> 禹姓姒，号文命。命者，教也。言禹布文教于四海，故以为号。初事尧为臣，因治水有功，封于夏，而为诸侯之长。后受舜禅为天子。禹为人，左规矩，右准绳，不失分毫。一饭之间，起身十次，慰劳天下之民。尝出外见罪人被刑，下车问其故，泣之。左右曰："罪人不顺道，君何泣之？"禹曰："尧、舜为君，百姓以尧之心为心；寡人为君，百姓各以心为心，是以痛之。"

不虐无告图 清·佚名

● 仪狄始作酒,遂乃疏仪狄。采金铸九鼎,流传享上帝。

铸音注。○古有醴酪之酒,其味最薄,人饮不醉。至仪狄作酒,其味最佳献禹。饮之,叹曰:"后世必有以酒亡其国者。"遂疏仪狄。禹收九州之金,铸九鼎,流传于世,调和滋味,以享上帝。至始皇,乃使人迁鼎于咸阳,至泗水而沉,后永不得起。

禹旨酒贬仪狄图 清·佚名

告命于涂山，万国诸侯至。
因济茂州江，黄龙负舟戏。
禹仰告于天，龙俯首低逝。

禹约天下诸侯会于涂山，执玉帛来朝者万国。因渡江，有黄龙负王舟而戏，舟人惧。禹仰天告曰："吾受命于天，竭力以劳万民。生，寄也；死，归也。"言讫，龙即俯首而逝。

大禹图　清·佚名

○ 南巡至会稽，殂落辞凡世。
在位廿七春，寿年一百岁。

禹出巡狩，南游至会稽而崩。魂升曰殂。魄降曰落。《世纪》：禹受命为帝二十七年，寿一百岁。

禹王承位会诸侯图　清·佚　名

禹子启贤良，仁德似父王。
传位不逊让，无复遵虞唐。
启崩太康立，复传与少康。
举兵灭寒浞，夏德复兴扬。

浞音浊。〇禹之子名启，尊贤爱士，民皆归之。禹在时以帝位传与其臣伯益，及禹殁后，天下朝觐讼狱讴歌者，不从益而从启，曰："吾君之子也。"启乃践天子位，九年而崩。传太康，二十九年而崩。弟仲康立，十三年崩。子相立，天下大乱，其臣后羿与寒浞争权，杀相而夺其位，夏中绝者四十年矣。其后相之子少康，与其臣靡谋，举兵杀寒浞而复其位。少康传王杼、王槐、王芒、王泄、王不降、王扃、王廑、王孔甲。孔甲好鬼神，事淫乱，于是夏德衰，天降雌雄二龙于民间。陶唐氏之后，有刘累者，学得豢龙术，以事孔甲，赐姓曰御龙氏。龙一雌死，作醢以食之，孔甲复求活龙，累惧而逃。孔甲传王皋、王发、王履癸。（履癸）即夏桀也。谥法：多残好杀曰桀。

征扈誓师图 清·佚名

○ 继传十七代，国败于桀王。
四百三十载，一旦如狈狼。

自禹至桀凡一十七世，共四百三十年而亡。狈狼，二兽名，狈后二足短，狼后二足长，狼无狈不行，狈无狼不立。

后羿距河图 清·佚名

五字鉴

○ 夏桀性贪虐，冤杀关龙逄。
有宠于妹喜，委政于道傍。
以酒为池沼，积糟成高冈。
悬肉为林薮，内侈外怠荒。

桀无道，贪财虐民，大臣关龙逄苦谏，桀怒而杀之。桀伐有施国，有施以妹喜献焉，桀宠之，言无不从。敛民之财，造琼宫、瑶台高数十丈，聚酒为池，池内可以运船，一鼓而牛饮者三千人。糟堤可望十里之远，湿肉积为山，干肉悬为林，穷奢极侈，劳民伤财，不理政事。

有夏昏德图　清·佚名

民怨其虐甚，为谚而宣扬。
时日曷不丧，予及汝偕亡。
百姓皆散叛，天下归殷汤。

亡，俗语也。桀尝自言："吾有天下，如天之有日，日亡，吾乃亡。"民怨之甚，为之语曰："是日何时亡乎？若亡，我宁与之俱亡。"由是人心离叛，而归于殷。殷之臣务光与伊尹佐汤伐桀，桀走于南巢。汤三祀，桀卒亭山，夏乃亡。

放桀南巢图 清·佚名

五字鉴

商　纪 shāng jì

商者，其先祖所封之地；至盘庚迁都于殷，又号曰殷，故有二号。

● 成汤登天位，百姓乐徜徉。
chéng tāng dēng tiān wèi　bǎi xìng lè cháng yáng

坐朝以问道，垂拱而平章。
zuò cháo yǐ wèn dào　chuí gǒng ér píng zhāng

徜音常。徉音羊。○汤姓子名履，又名天乙。言武功成就，故曰成汤。其先祖名契，帝喾之子。在唐虞时，为司徒，封于商，赐姓子。至天乙，迁于亳都。仁德宏明，有伊尹、务光为之辅。见桀无道，伐罪吊民。及得天下，欲以位让务光，光辞而隐匿，汤求之急，光负石自沉河死。天位者，天子之位也。汤为君，百姓乐康，故得坐朝以问治道，垂衣拱手而已，平和章明于百官也。

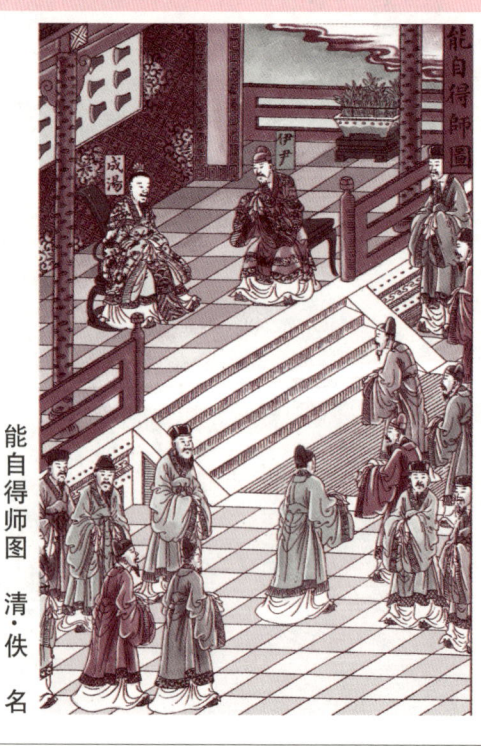

能自得师图　清·佚名

48

商纪

● 出外见畋猎，汤感而悲伤。
解网以更祝，禽兽叨恩光。
化被于草木，赖及累万方。

畋音田。○汤出游，见捕猎禽兽者张网四面，祝之曰："从天降，从地出，从四方来者，皆遭吾网。"汤叹曰："尽之矣！"乃去其三面，改祝曰："欲左，左；欲右，右。不用命者，入吾网。"诸侯闻之，曰："汤德至矣，恩足以及禽兽，而况于人乎！"此言德化之盛，虽微物亦沾其泽矣。

成汤图 清·佚名

大旱连七年,断发告穹苍。
六罪自归责,大雨遂倾滂。
在位十三载,登遐归帝乡。

穹音穷。○殷有七年之旱,汤非不仁,乃天运所致也。太史占之,曰:"当杀人以求祷。"汤曰:"吾所祷者民也,若以民祷,吾请自当。"于是汤自剪爪断发,身衣白茅,代为牺牲,祷于桑林之野。以六事自责,曰:"政不节与?民失职与?女谒盛与?宫室崇与?苞苴行与?谗夫昌与?"言罢,大雨方数千里,民大悦。汤在位十三年而崩。

罪当朕躬图 清·佚名

● 传位太甲立，伊尹扶朝纲。
尹少耕莘野，乐道弗为邦。
汤王三币聘，始登天子堂。

> 汤太子早卒，次子外丙立二年，崩，弟中壬立四年，崩。孙太甲立，昏愚不明，尹放太甲于汤墓所桐宫三年。太甲悔过，修祖德，尹复其位。尹未出时，隐居乐道，耕于有莘之野。汤闻其贤，三使人以币聘之，佐汤伐桀。汤崩后，政皆尹出。太甲在位三十三年崩，历沃丁、太庚、小甲、雍己，在位十三年崩，太戊立。

元祀告庙图 清·佚 名

相传至太戊,亳里出祥桑。
一日暮大拱,伊陟言不祥。
劝君修德业,三日祥桑亡。

亳里,即汤建都之地。至太戊之世,殷道衰微,有桑树、谷树合为一株,生于朝门内,人皆称为祥瑞,及暮其树大拱。伊陟曰:"此妖孽不祥之兆。"乃入告曰:"妖不胜德,君宜修省。"太戊即悔过自责,赦宥天下,三日之内,祥桑枯死,殷道复兴。伊陟乃尹之子,为相摄政。太戊在位七十五年崩,号中宗。传中丁、外壬、河亶甲、祖乙、祖辛、沃甲、祖丁、南庚、阳甲、盘庚、小辛、小乙。至武丁,号高宗,当此之时,殷道中衰,得高宗而复兴之。

群臣谏王图 清·佚名

● 中有高宗作,梦得一贤良。
其人名傅说,版筑傅岩傍。
王使图形觅,得说升庙廊。
尊封为宰相,殷道复轩昂。

> 高宗夜卧,梦得良相名傅说。王乃图形,使人遍觅,使至傅岩觅得之。时说家贫,为人版筑以自活。及见王,果如梦所得。命为相,能修先王之政,于是殷复中兴。高宗在位五十九年,崩。传祖庚、祖甲、廪辛、庚丁、武乙、太丁、帝乙,至帝辛曰纣王。自汤至纣,凡三十世,共六百三十年。

审象旁求图 清·佚名

传^{chuán}代^{dài}三^{sān}十^{shí}世^{shì}，国^{guó}败^{bài}于^{yú}纣^{zhòu}王^{wáng}。
妲^{dá}己^{jǐ}预^{yù}国^{guó}政^{zhèng}，祸^{huò}起^{qǐ}在^{zài}萧^{xiāo}墙^{qiáng}。
炮^{páo}烙^{luò}刑^{xíng}一^{yì}举^{jǔ}，黎^{lí}庶^{shù}尽^{jìn}遭^{zāo}殃^{yāng}。
比^{bǐ}干^{gàn}以^{yǐ}死^{sǐ}谏^{jiàn}，剖^{pōu}腹^{fù}刳^{kū}心^{xīn}肠^{cháng}。

> 刳音枯。○谥法：残义损害曰纣。纣心性明敏，智足以拒谏，言足以饰非，力能伸铁钩，手能格猛兽。然立身无道，贪财好色，酷害生灵。纣尝伐有苏氏，有苏氏以美女妲己献焉。相传至中途夜卧，为九尾狐夺精换气，颜色愈美。纣宠之，共预朝政。性好杀人，作炮烙之刑，掘为坑，盛炭火，以铜为柱，置炭火内，灌以膏，使有罪者行其上，足滑堕火而死，与妲己观之以为乐。百姓不胜其苦，大臣比干谏之。纣怒曰："吾闻圣人之心有七窍。"遂杀比干，剖视其心。

妲妃立炮烙刑图　明·佚名

鄂侯谏而死，移祸及周昌。召昌囚羑里，七载得归乡。

羑音有。○纣醢大臣九侯，鄂侯谏之，纣怒，并杀以为脯。时文王昌为西北诸侯之长，闻而叹息。纣知之，囚昌羑里七载，昌臣散宜生求美女珍宝献纣，乃放归。

西伯食子之肉图 明·佚名

商纪

五字鉴

● 箕(jī)子(zǐ)囚(qiú)为(wéi)奴(nú),披(pī)发(fà)而(ér)佯(yáng)狂(kuáng)。
微(wēi)子(zǐ)奔(bēn)周(zhōu)国(guó),殷(yīn)家(jiā)自(zì)此(cǐ)亡(wáng)。

箕子,纣之亲戚,见比干、鄂侯因谏而死,乃披发佯狂为奴,欲以微谏。纣囚箕子于狱。微子时为太师,见群臣谏纣不听,乃抱祭器归周,以全商祀。由是武王伐纣,纣自焚而亡。按《通鉴》:殷自汤受命至纣,凡二十八世,共六百四十年。

囚奴正士图 清·佚名

周 纪

周姓姬，其祖后稷名弃。弃母姜嫄，帝喾之后。（姜嫄）因出野见巨人迹，心欣然践之，有孕而生弃。以无人道而生为不祥。弃之隘巷，牛马避不践；徙于山林，会伐平林；徙于冰上，鸟覆翼之。以为神，遂收而养之，名之曰弃。及长，有大志，好种五谷，能相地之宜。在唐虞时封为农师，官于邰，后迁于岐周，故以周为号也。其后十三世至古公亶父，为殷之诸侯。

● 武王运天筹，天下并宗周。
　观兵孟津界，白鱼入王舟。
　诸侯咸会集，皆欲逞兵矛。
　灭纣救荼毒，万姓沐洪庥。
　一怒安天下，四海乐悠悠。

筹音酬。荼音徒。庥音休。○武王姓姬名发，文王子，后稷远孙也。世为殷臣。至古公亶父，乃为诸侯。古公生太伯、虞仲、季历。季历娶太任生文王昌，受殷命为西方诸侯长，号西伯。主征伐，三分天下有其二。昌生武王发，袭父职。见纣无道，与诸侯约伐纣，会于孟津，渡江，有白鱼入王舟，王取之以祭，天下诸侯不期而会者八百。皆曰："纣可伐矣。"武王止之曰："纣不悛，然后伐之。"诸侯各散。纣恶日甚，武王复约伐之，与纣战于牧野之地，纣败自焚，殷亡。武王封纣之子为殷侯。使管叔、蔡叔监之。天筹者，天之定数也。荼毒，害人之草也。洪庥，洪泽也。悠悠，乐而长久也。孟子曰："武王一怒而安天下之民。"

五字鉴

○ 太公八十岁，兴周志有优。
夷齐叩马谏，清名万古留。
耻食周家粟，饿死西山头。
武寿九十岁，在位七年休。

太公姓姜名尚，居于吕水，故曰吕尚。曾事纣为谏议，见纣无道，隐居东海。闻文王作，入周渭水而钓，文王出猎遇之，与语悦，曰："吾太公望子久矣。"因号曰太公望。载归，尊为尚父。文王殁，佐武王以伐纣。伯夷、叔齐，孤竹君二子，伯夷姓墨名允，字公信；叔齐名智，字公达，谥曰夷齐。因兄弟让国而逃，隐居不仕。闻武王伐纣，叩马谏曰："父死不葬，爰及干戈，可谓孝乎？以臣弑君，可谓仁乎？"武王不听。既伐纣，二人耻之，义不食周粟，隐于西山，采薇充食，薇尽遂饿而死。武王在位七年，寿九十三而崩。

子牙遇伯夷叔齐图　明·佚名

○ 成王立幼冲,周公掌国猷。
一沐三握发,吐哺待诸侯。
召公为辅翼,朝野肆无忧。
越裳献白雉,圣化被羌酋。

酋音囚。○成王名诵。按《通鉴》:武王多子不育,八十而生成王,年十三即位。武王同母弟周公旦,以成幼冲,每临朝,必设屏坐于成王后,摄行国政。尝一沐三握发,一饭三吐哺,以待贤士。召公名奭,仕周为左相,与周公共翼少主,朝野清平。外国交趾南,有越裳氏名羌酋者,为夷狄诸侯长,来献白雉曰:"天无烈风淫雨三年,海不扬波,意中国必有圣人在位,故来朝之。"使者迷归路,周公作指南车载使者归国,期年而至。成王在位三十七年而崩。

谣言传到镐京图 明·佚名

康昭承旧业，礼法绍前修。
穆王得骏马，天下任遨游。
幽王举烽火，周室渐衰休。

骏音俊。〇成王崩，子康王立，二十六年崩。子昭王立，五十一年崩。二王皆能修文武之德，刑措四十余发年不用。子穆王立，得八骏马能日行千里，遨游天下，会西王母于瑶池，乐而忘返。闻朝廷有变，驰归救乱，在位五十五年，崩。子共王立，六传于宣王，至幽王。幽王因褒国之君得罪，兴兵伐之，褒有女，非人道而生者，名弃女，又曰褒姒。貌极美。献于王，王宠之。性不喜笑，王欲其笑，百计不能。周制，与诸侯约，沿途立烽火，寇至则举火召兵来援。幽王无故举火，天下诸侯悉至，姒大笑，诸侯怒而归。后幽王因废申后及太子宜臼，以褒姒之子伯服为太子，以褒姒为后。宜臼出奔母氏申侯家，王求杀之不得，举兵伐申。申侯召犬戎合兵攻幽王。王举烽火召兵，不至，被犬戎杀于骊山之下。复立宜臼为太子，号平王。自此以后，周室衰微，号曰春秋。

发烽火戏褒姒图 明·佚名

春 秋 纪 (chūn qiū jì)

　　春秋者,鲁史之名也。平王以犬戎强暴,迁都东京。是时政衰,号令不行,诸侯以强并弱。孔子乃因鲁史作《春秋》,托始于隐公元年,以寓天王之法。

● 平王东迁后,举世号春秋。
　灵王庚戌岁,天命生孔丘。
　天将为木铎,教化于九州。

　　平王以其所居之都近于犬戎,畏其强,乃迁都于东京。于是周室渐衰,诸侯日强。平王在位五十一年,崩。历桓王、庄王、釐王、惠王、襄王、顷王、匡王、定王、简王,至灵王二十一年庚戌冬十一月,孔子生,是时天下无君臣父子之分,天故生孔子于其间,设教明伦,周游列国,如木铎徇于道路,以警众也。

周平王弃镐东迁图　明·佚名

五字鉴

○ 圣贤俱间出，道学得传流。
德教加黎首，文光射斗牛。
以后寖衰薄，五霸并成仇。

夫子设教之时，从者三千，贤者七十二，惟颜渊最贤，不幸早卒。赖曾子独传其道，曾子传子思，子思传孟子，一时圣贤间出，德教及人。自孔孟之后，周室愈弱，五霸迭兴，兵争不息，号为战国。至周敬王四十一年壬戌，孔子卒，寿七十三。

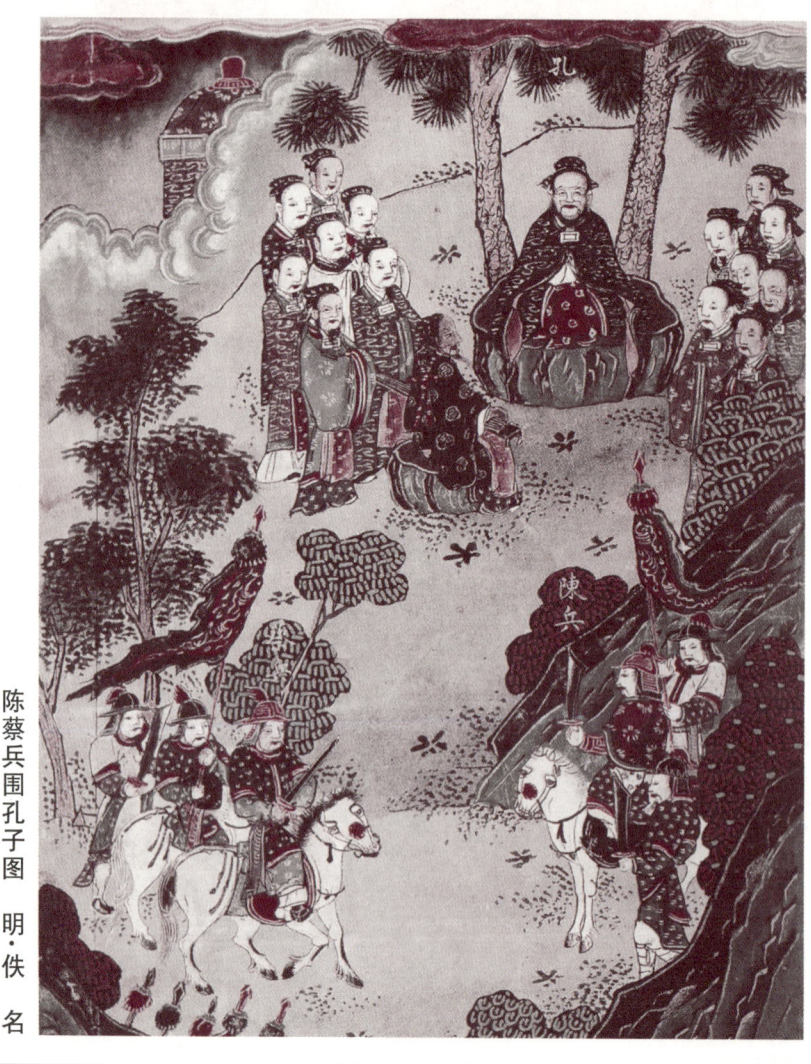

陈蔡兵围孔子图　明·佚名

赧王攻秦国，不利反为尤。
顿首而受罪，尽地献来由。
传代三十七，八百七十秋。
四海皆周室，势败一时休。

赧王之时，周之天下十去其九，不过止存数十邑。赧王愤秦强暴，与六国诸侯约伐秦，不利而归。秦昭王怒，大举兵攻周。周赧王惧，遂奔于秦，顿首受罪，尽献其邑。嗟呼！"普天之下，莫非王土；率土之滨，莫非王臣。"天命一日而在，则为天子；一日而去，则为匹夫。八百年之久，一旦而失，岂非天纪。自武王受命至东周，凡三十七世，共八百七十三年而亡。

三卿上请封侯图 明·佚名

战国纪 zhàn guó jì

　　自夏、商、周以来，九州之内，凡七百七十三国。及至春秋，五霸争雄，强并弱，大吞小，所存者凡十二大国，其余小国，所存无多。至战国，存者仅六、七国而已，以后皆并于秦。

● 周家天命撤，邦畿碎分裂。
　zhōu jiā tiān mìng chè，bāng jī suì fēn liè

　诸侯各争雄，天下为战国。
　zhū hóu gè zhēng xióng，tiān xià wéi zhàn guó

　齐楚赵魏韩，鲁吴宋燕越。
　qí chǔ zhào wèi hán，lǔ wú sòng yān yuè

　列国百余区，略举大概说。
　liè guó bǎi yú qū，lüè jǔ dà gài shuō

　　列国诸侯与周同姓者，有鲁、卫、吴、晋、郑、魏、韩、曹、蔡、燕，异姓有齐、楚、宋、陈、秦、滕、薛、越、赵，此举其大者而言。余小国，难以尽述。其先祖皆受周家爵土，如公、侯、伯、子、男、或百里、或千里、数十里，皆称职受地。自平王东迁后，天子势衰，诸侯强盛。至襄王时，五伯并出，及后诸侯之势愈强。至威烈王时，遂为战国，周天子徒拥虚位，而不能制。战国末，惟存七大国：齐、楚、燕、秦、赵、魏、韩。论其大势，秦为最强，故其后皆为秦所并。

吴王发兵伐越图　明·佚名

齐兵败燕逃亡图　明·佚名

● 起翦颇牧臣,用兵为上策。
桓公伯诸侯,政繁管仲摄。
晏子事景公,诸侯皆畏怯。

此段杂引战国之臣而无前后。起,即白起,事秦昭襄王为上将,尝率兵攻赵,行反间罢廉颇兵柄,杀赵兵四十万,坑于长平。又引兵攻赧王,尽夺其邑,灭周天下。后与秦相范雎有仇,罢为庶人,赐剑死。○翦,即王翦,事秦始皇为上将,领兵灭六国,以定天下。○颇,即廉颇,事赵惠王为上将,用兵如神,每食斗米秤肉,与蔺相如为刎颈之交。○牧,即李牧,事赵悼襄王为上将,领兵破匈奴兵,又破秦始皇兵。始皇用千金行反间,牧不能辨,赐剑自杀。○五伯自桓公始。管仲字夷吾。鲍叔牙荐仲以相桓公,伯诸侯,一匡天下,故孔子称其功。○晏子名婴,字平仲。为齐景公相,以力行重于齐,名显列国,不敢与争锋。齐国之贫民,待平仲而举火者七十余家。

吴起杀妻求将图 明·佚名

苏秦六国师，位高名烜赫。
张仪说秦王，全凭三寸舌。

苏秦字季子，尝刺股读书，从鬼谷学兵法。初游秦不遇而归，及复游说六国，约以纵亲，合兵以拒秦。当时秦强，故苏秦约六国以拒之，赵肃侯从其言，以书使往六国，合盟共尊苏秦为丞相。六国者，齐、楚、燕、赵、韩、魏也。以后秦不敢侵害。张仪魏人，与苏秦同师鬼谷。苏秦先得志，故以言辱慢仪。仪入秦，秦惠王果用仪为丞相，仪乃阴使人于赵王前行反间计，败苏秦约纵，赵王信之，仪乃连六国共事秦王。二人志不合，秦约纵，仪连横。

苏秦衣锦还乡图　明·佚名

孙膑与庞涓，同受鬼谷诀。
减灶暗行兵，庞涓被其获。
范蠡归五湖，子胥目空抉。

膑音鬓。庞音旁。蠡音里。○膑与涓同学兵法于鬼谷先生。学既成，涓先入魏为魏将。涓为人奸滑，思己才不如孙膑，欲害之。以书号召膑入魏，请于王，使统兵。膑曰演士卒，涓诬膑将谋反，收入狱，刖膑两足，使不能行，墨刺其面，示不可用。其后有齐使带膑同归，荐于齐，宣王知其才，用为上将。领兵攻魏，入魏境，初日为十万灶，次日为五万灶，又次日为二万灶。涓曰："吾固知孙孺子畏我，入吾境三日，逃者过半矣。"膑引兵，故意退怯，至马陵，路狭而险，膑料涓追之必至此所，令伐大树横路，书之曰："庞涓死此。"命善射者匿于两旁，涓果乘胜引兵追之，至此，见大树横路，举火照字，叹曰："吾落竖子手矣。"两旁万弩齐发，魏兵大乱，涓自刎死。缚魏太子申以归。魏王，即梁惠王也。○子胥姓伍名员，父名奢。曾为楚臣，因得罪逃入吴。力能举鼎，引兵伐越。越王败，栖于会稽，因请和，愿身为臣，妻为妾。子胥言不可，时吴太宰嚭受越王金，劝吴王赦之。越王归国，悬胆于坐上，朝夕尝之，曰："毋忘会稽之耻也。"吴王得胜归国，时嚭与胥不合，诬子胥谋反，吴王听谗，赐子胥属镂之剑，令自杀。子胥告家人曰："可抉吾目悬东门，以观越人来也。"言毕自刎死。吴王闻其言，取子胥尸投之江，吴人怜之，立庙以祀。○越王大收国中子弟，教以武艺，报吴之仇，以范蠡治军事。周元王四年，越伐吴，吴王三战三走，栖于会稽山，亦请和。范蠡言不可。吴王曰："死何恨，愧无面目以见子胥也。"吴自此亡，越既灭吴，范蠡曰："居家致千金，为官致卿相，此布衣之极，久受尊名不祥。"遂装金宝珠玉，与其家人泛五湖而去，改姓名陶朱，止于齐。齐王闻其贤，欲用为相，蠡辞不受。其后治家产，畜五万牸，富致巨万。自号陶朱公。

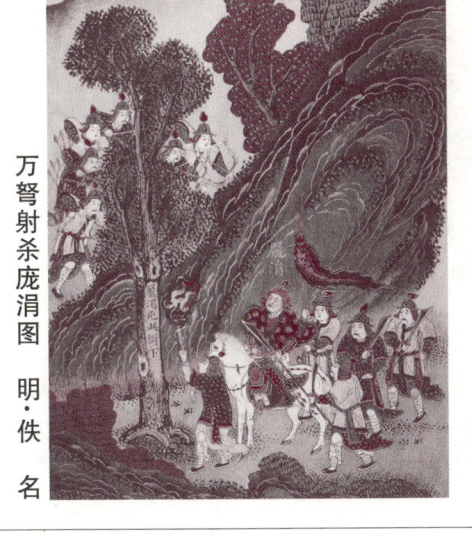

万弩射杀庞涓图 明·佚名

范蠡逃归五湖图 明·佚名

介子死绵山，今为寒食节。
屈原投汨罗，端午吊忠魄。

汨音觅。○介子，姓介名子推。晋文公重耳因避父难，出奔在外，子推等五人从之。一日，文公乏食，子推割股肉煮羹奉公。公在外十九年，返国得位，赏从亡而遗子推。推之从者不服，悬书于门曰："有龙矫矫，顷失其所。五蛇从之，周流天下。龙饥乏食，一蛇割股。龙返于渊，安其壤土。四蛇入穴，皆有处所。一蛇无穴，号于中原。"公见之叹曰："寡人之过也。"公使人求之，子推隐绵山不出。公曰："焚其山则必出焉。"推竟不出，焚死山中。公哀之，封其山曰介山，以山下之田，每岁祀之。晋俗至今哀子推，以清明前预设熟食，禁火三日，谓之禁烟节。○屈原字平，号正则，曾与昭奚恤、景差二人同事楚怀王，为三闾大夫。其二人被谗落职，原独秉政，亦被谗而罢，因作《离骚》以叙其怨，怀王知之，贬原于江南，原于五月五日投汨罗江死。楚人怜之，于每岁端午，以红丝系角黍，造龙舟于江上，吊而祭之，谓之竞渡。

魏犨焚死子推图　明·佚名

● 泣玉楚卞和,非为足遭刖。
宁戚曾饭牛,后居丞相列。
仲连欲逃名,毛遂何自荐。

楚卞和往荆山,见石中有璞玉,抱献楚厉王。王使玉人相之,曰:"石也。"王怪其诈,刖其左足。厉王卒,子武王立,和又献之。王使玉人相之,曰:"石也。"王又怪其诈,刖其右足。武王卒,子文王立,和欲献之,恐王见害,乃抱其璞哭三日夜,泪尽继之以血。文王知之,使谓之曰:"天下刖者多,子独泣之悲,何也?"和曰:"吾非泣足也,宝玉而名之曰石,贞士而名之曰诈,是以泣也。"王取璞,命玉人琢之,果得美玉,厚赏而归。世传和氏璧,以为至宝。○宁戚家贫,代人牧羊,泰然自处。歌曰:"南山粲,白石烂,中有鲤鱼长尺半。生不逢尧与舜禅,短褐单衣才至骭。黄昏饭牛至夜半,长夜漫漫何时旦。"时遇齐桓公送客过其处,闻其歌而求见,当论时势,桓公大悦,载戚归为相。○鲁仲连姓鲁,事齐为大夫。魏畏秦强,使新垣衍往说赵王,共尊秦为帝。鲁仲连往见衍曰:"秦弃礼义,尚伯功,虎狼之国也。若肆然尊之为帝,连必蹈东海而死矣。"后人以为口实。○毛遂为赵平原君门下客,为秦王攻赵,赵使平原君求救于楚,赵选文武俱备者二十人同往,得十九人,毛遂自荐,夸其能,十九人皆目笑之,及至楚求兵,楚犹豫不决,毛遂按剑向楚王前曰:"秦白起小竖子耳,一战而夺大王鄢郢,再战而烧夷陵,三战而辱王之先人,此百姓之耻,楚之所怨,赵之所羞也。今求兵合纵,实为楚非为赵也。"楚王许之,遂与赵王歃血盟于堂下。平原君归,谓赵王曰:"毛先生一至楚,使赵重于九鼎矣。"乃以遂为客卿,领兵与楚合纵以拒秦,大破秦于邯郸,封遂为上将。

宁戚舌辩桓公图 明·佚名

齐有孟尝君,门下三千客。
客有食无鱼,冯驩弹长铗。
不羡鸡声鸣,不夸狗盗窃。
有智明于时,不被秦王掣。

铗音夹。掣音彻。○齐孟尝君好贤爱士,故四方贤士多归其门下,常有客三千余人,孟尝君给其衣食而与之居。有冯驩者来谒,孟尝君置之传舍,驩弹铗作歌曰:"长铗归来乎!食无鱼。"迁之幸舍,食有鱼矣。又歌曰:"长铗归来乎!出无车。"迁之代舍,出有车矣。又歌曰:"长铗归来乎!无以为家。"言无室家也。秦昭王闻孟尝君贤,先约质欲其来见。孟尝君乃与客三千人同往见秦王,王欲囚孟尝而杀之。客亟求秦王幸妃求放。妃曰:"愿得君狐白裘则放归。"先孟尝曾以裘献秦王,王藏之库。客有能为狗盗者,入王宫窃裘以献,妃果言于王以放孟尝。连夜走至函谷关,关法:鸡鸣放客。孟尝恐秦悔而追之,客有能为鸡鸣者,群鸡鸣者,关启而出。少顷,秦果遣兵追之,不及而返。孟尝归国衔之,共约韩、魏之兵伐秦,秦割地以和。

孟尝君养宾客图 明·佚名

程婴立孤儿，杵臼死缧绁。
孤儿后复仇，岸贾全家灭。

缧音雷。绁音屑。贾音古。○赵盾仕晋为大夫，其子赵朔为晋公婿，与大夫屠岸贾有隙，欲害之。诬盾有反意，乃围赵氏宗族杀之。赵朔妻系晋侯公主得免，时有娠，生子名孤儿。岸贾欲求杀之，朔有客曰程婴、公孙杵臼，二人谋曰："立孤与死孰难？"婴曰："死易，立孤难。"杵臼曰："予为其难。"杵臼乃贾他人子，抱匿山中。使程婴扬言曰："与我千金，我告赵氏孤儿处。"岸贾闻知大喜，遂入山杀儿及杵臼。然赵氏真儿仍育程婴家。及长，有大志，改名赵武，得幸于晋公，婴告以故，孤儿憾之，引兵将岸贾全家尽杀，复其仇。程婴亦自杀，曰："吾上报赵氏先人，下报杵臼也。"赵氏后世子孙灭晋，称为赵王。七大国者，此其一也。

程婴存赵氏孤图 明·佚名

商鞅废井田，辟地开阡陌。
计亩科粮差，即今为法则。

商鞅姓公孙名鞅，魏人也，封于商，故名商鞅。闻秦孝公招贤，鞅入秦，说以帝道王道，三变为伯道。孝公悦之，一日三迁其官，食俸一十五邑。更变法，制令极严，民有犯令者斩。令既具，尚未行，乃立大木于国都南门，诏民有能徙于北门者，与十金。民怪其轻，莫徙。复下令能徙者，与五十金。有一人徙之，与五十金。乃下其令，太子犯之。商奏曰："法之不行，由上自犯，君嗣不可施刑，刑其师傅公孙贾、公子虔二人。"于是秦人悉遵令，行之十年，道不拾遗，山无盗贼，家给人足，秦人富强。古者田制方里画为井字，分作九区，使八家之民各受一区，其中为公田，八家同力合作，收以入官，永不取民私田之租。鞅不遵古制，废井田，开阡陌。田中道路，南北曰阡，东西曰陌，废之为田，而田益广。更为赋税法，田丈每亩计米几升起科，为高低三等之法，号曰税粮，征银入官，即今遵其所行。鞅用法太酷。弃灰于道路者被刑，出外为客者给与文引，无文引者罪坐主家。孝公薨，子惠文王立，仇人公子虔之徒告鞅欲谋反，将收之，鞅惧出走，止宿客舍，舍人曰："鞅君之法，客无文引者，罪坐主家。"鞅叹曰："为法自弊，一至此乎！"舍人不容，其主欲执于官，力求得脱，乃逃归魏，魏仇家执送入秦，惠王置之法，用五马裂其尸。鞅临刑泣曰："吾立法以治民，岂知自受其苦耶！"鞅由平日用刑太酷，每临渭决囚，渭水尽赤。他日车裂其身，岂非报施循环乎。

咸阳市五牛分商鞅图 清·佚名

须贾使于秦，范雎耻方雪。

魏人范雎从大夫须贾使齐，齐王见雎有口辩，赐雎牛酒与金。贾疑雎以魏私事告齐，归告于魏相魏齐者，笞雎折肋擢齿，雎诈死，以箦卷置厕所中，雎告守者曰："饶吾命，后当重报。"守者告于王出厕中，雎得脱，逃入秦，改名张禄。得故人王稽荐于秦昭王，教以远交近攻之策，昭王封雎为相。其后魏复使贾入秦，雎衣敝衣私往见之。贾曰："吾以汝死矣，今尚存，一寒至此哉！"留坐与之饮食，取绨袍赠之。雎为贾引车及门，雎曰："吾先入告相君。"良久不出，贾问守门者曰："适入者谁？"曰："吾相张君也。"贾知雎诈，乃袒衣膝行入谢罪。雎曰："尔得不死者，以绨袍恋恋，尚有故人之意耳。"雎大设宴，以章馈置于贾前而辱之。雎曰："尔归，速斩魏齐首来。不然，即屠大梁。"贾归，自言于魏齐，齐惧，出逃而死。

范雎楚使于齐图 明·佚名

田单纵火牛，燕兵受灾厄。
复齐七十城，立功由即墨。

田单，齐国有能之士。燕昭王与齐湣王有隙，燕王举兵攻齐，齐败，湣王出走，降者七十余城，惟莒邑并即墨一城未降。即墨之民举田单为将军，单亲操版插筑城，与士卒分功，妻妾编为行伍。收城中牛得千余头，束帛为衣画以五彩龙文，束绵苇于牛尾，灌以酥油，束利刀于两角，夜半启门，纵牛趋城，火烧牛尾，鼓噪从牛后，声震天地，牛怒奔燕军，触者尽死，燕军大败，恢复七十余城。

齐用火牛破燕图 明·佚名

淖齿杀湣王，襄子杀智伯。谋害无了期，皆因自作孽。

燕兵攻齐，齐湣王出走。王孙贾为湣王臣，不知王所之，归白于母。母曰："汝朝出而晚来，则吾倚门而望；汝暮出而不还，则吾倚闾而望。今汝事王，王走汝不知其处，汝尚何归乎！"时楚王闻齐王有难，命其将淖齿救齐，淖齿反杀湣王，欲图其地。王孙贾入市言曰："淖齿乱齐，弑湣王，与我诛齿者袒右。"市中从者四百人，缚齿而杀之。贾迎湣王子法章立，号襄王。○赵侯名襄子，又晋侯名智伯，与韩、魏之侯，皆晋之世臣，俱有采邑。智伯势大，求地于韩、魏，皆与之。求于赵，则不与。智伯怒、约韩、魏伐之。兵入赵境，襄子走。围赵，引水灌城邑，灶沉产蛙，甚受其惨。襄子私与韩、魏求和，反兵灭智氏，共分智伯之地。智伯被襄子所杀，漆其头为溺器。智伯之臣豫让欲为报仇，乃漆身为癞，吞炭为哑，乞于市，妻子莫识。其友识之，曰："以子之才，臣事赵氏，多得近幸，子所欲为，顾不易耶？"让曰："既委贽为臣，又求杀之，是二心也。"让知襄子将出，伏于桥下，欲杀襄子。襄子马惊，获豫让而杀之。○弑夺之祸，莫甚于战国，各相谋害不已。太甲曰："天作孽，犹可违；自作孽，不可活。"此之谓也。以上记战国君臣前后不伦，读者宜鉴。

智伯用水攻城图 明·佚名

秦 纪

秦之先，颛顼之后，舜时赐姓曰嬴氏，其后有非子者，事周孝王养马有功，赐其爵邑于秦，地不过附庸，及后子孙渐盛，有襄公者起兵救周幽王犬戎之乱，有大功，封为诸侯。至孝公得商鞅为政，伯诸侯，僭称王，与六国争雄。又三世，至昭襄王，得白起、范雎为政，举兵伐周赧王，尽取其邑。又四世至始皇，乃并吞六国为一统。

秦始皇登基，并吞为一国。
更号皇帝名，言词称曰诏。

始皇姓嬴名政，父庄王为太子时，与富商吕不韦友。不韦有美妾，怀孕，庄王见而悦之，遂纳为妃，生始皇，其实吕出。立为太子，年十三居位。封不韦为相国，复与始皇母通，事露，不韦自杀。废其母十余年，有臣茅焦苦谏，母子复如初。战国末，有六大国齐、楚、燕、赵、韩、魏，俱为始皇并吞。始皇以己德兼三皇，功过五帝，乃自称曰皇帝。改命曰制，改令曰诏，称己曰朕。改正月曰征，以始皇名政，避其讳也。

秦并六国一统图 明·佚名

焚书坑儒士，欲把儒风灭。
孔道被伤残，孔墓被毁掘。

始皇用李斯为相，奏曰："战国之世，诸侯战争。今天下已定，太学诸生不师今而学古，议论当世，闻一令下，入则心非，出则巷议，愿请史官，非秦记皆烧之。"始皇诏曰："可。"令天下除医药卜筮种树之书外，其余悉焚之，有藏《诗》《书》者族灭，偶语《诗》《书》者斩，以古非今悉重刑。由是天下无一人敢言《诗》《书》。咸阳儒生有语《诗》《书》者，遣御史按问，各相连引四百六十余人，于咸阳城中掘大坑，尽逐入，以土覆之。由是孔子之道不行。始皇东至鲁，毁孔氏宅，掘其墓。内有碑云："吾殁之后，将二百余年有一后生，冒称秦始皇。燔吾书，焚吾章，毁吾宅，射吾墙，开吾墓，坐吾床，颠倒吾衣裳，行至沙丘而亡。"始皇见而惊，以土覆之而去。后一年，果亡于沙丘。

信佞臣尽毁诗书图　清·佚　名

北塞筑长城，预备防胡贼。
西建阿房宫，势与天相接。
后被楚人焚，烟火连三月。

始皇得天下，问方士卢生曰："朕后世年代若何？"乃献图谶曰："亡秦者胡也。"始皇不悟己子名胡亥败其国，以为胡地之人也。遂遣蒙恬为元帅，领兵三十万北伐匈奴，筑长城万里以拒胡。诏天下儒生，皆赴筑城，其城今存。○国都之西建造阿房宫，延亘三百余里，引二川之水，流入宫墙，五十步一楼，五百步一阁，上可坐万人。下建五丈旗，民号之曰阿房宫。阿者，曲也。曲敛民财而作也。其后楚汉灭秦，楚焚其宫，火烧三月不绝。

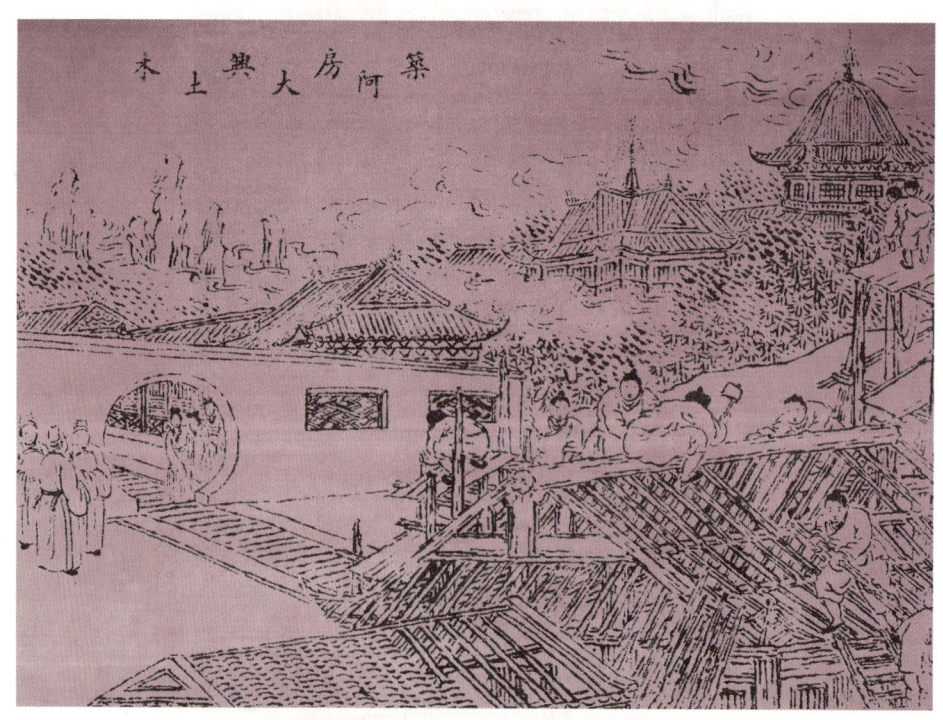

筑阿房大兴土木图　清·佚　名

南修五岭山,东将大海塞。
竭力劳万民,民尽遭磨折。
自恃天下平,销铄刀兵革。
并国十三年,空著大功烈。
天命一朝殂,四海皆崩泄。

殂,死也。泄,飘散也。始皇南游,见群羊在前奔走,遂命驾长驱而逐之,旬月不及。至闽地,山高岭峻,路塞不通。诏百姓凿山修路,既通,见群羊化白石遍于山,即今存焉。始皇东游,见海汪洋无岸,欲驱山塞之。始皇三十年前,有道力能驱山,以后无道驱不动。诏百姓运土塞之,民多累死,即今海边犹有旧迹。当是时,秦法极严,民不敢违,重则腰斩族诛,轻则刖足断鼻割耳,民不胜其苦。始皇自言,今天下太平一统,兵器无所用,诏收天下军器,聚于咸阳,熔铸金人十二,各重千石,以为钟镰。又登泰山封禅,立石颂功,祀毕而下,遇大风雨骤至,休息于松下,松有五株,桠杈盘结,垂荫始皇,雨不沾衣,封其松为五大夫,命人守之。始皇在位十三年崩,次子立,称二世皇帝。

见图谶遣将筑长城图　清·佚　名

○ 二世登帝基，蒙蔽多昏黑。
赵高内弄权，李斯被其核。
腰斩咸阳市，宗枝皆族灭。

二世名胡亥，始皇次子。长子名扶苏，有贤德，为太子时，因焚书坑儒，再三谏阻，始皇怒贬于北方，监筑长城。赵高忌其威明，矫诏赐死。以胡亥为太子，至是即位，贪财好色，峻刑重敛，不理政事，亲故大臣忧之。赵高，乃阉奴也，得宠为中丞相，李斯得宠为外丞相，二人势倾朝野，欺主弄权，两相攻害。时二世方宴女乐，赵高计使人唤斯奏事。斯至，二世怒曰："朕常多闻丞相不来，朕方宴，丞相来，何也？"赵乘机言曰："李丞相权倾于陛下，其子为三川守，与盗私通谋逆。"二世信之，收斯父子下狱，腰斩于市，斯与子泣曰："吾欲与汝牵黄犬，出上蔡东门外逐狡兔，其可得乎！"遂相抱而哭泣。夷三族。于是赵高独秉纲政。

信赵高冤杀李丞相图　清·佚　名

● 指鹿以为马,群臣畏莫说。
由此坏朝纲,国败于胡亥。
秦欲万世传,未及三世撤。

赵高势倾人主,老臣皆被黜。尝遇朝会,乃使人献鹿于帝,高指曰:"此马也。"二世笑曰:"丞相误矣,此鹿也。"群臣皆微笑而不敢扬声。盖高有篡夺之意,故指鹿为马,以验群情之顺逆。是时天下盗贼皆作,帝知之。高曰:"此狗盗何足忧也。"而陈涉、项羽、高祖等兵起,秦屡战屡败。赵高恐二世震怒,使其婿阎乐杀二世于望夷宫。迎立扶苏之子婴,婴知赵高罪恶,无少长皆弃于市。婴立未久,汉高祖兵入关,婴乘素车白马,迎汉高祖于道傍降,二世在位三年被弑,子婴在位三月。始皇尝曰:"吾传一世二世,以至于万世。"岂知未及三世,而天下属于他人乎。

指鹿为马图　清·周慕桥

五字鉴

○ 亡秦失其鹿，群臣皆出猎。
天下共逐之，汉王最先得。

蒯通曰："秦失其鹿，天下共逐之，惟高才捷足者先得。"自二世即位以来，各国旧臣皆迎立先王宗子为主，二世迷于酒色不知。尝有使者从东方来，奏曰："天下盗起。"帝问赵高，高怒，收其人下狱死，后竟无一人敢言四方兵乱者，遂至丧亡。

愚胡亥遇弑毙齐宫图　清·佚　名

- 项籍与刘邦，两意相交结。
共立楚怀王，举兵攻帝阙。
一鼓破函关，秦王出迎接。

项籍字羽，称楚霸王。幼时学书不成，去学剑，又不成。叔父项梁责之，羽曰："书可以记姓名而已，剑是一人敌，不足学，要学万人敌。"叔资之，去学兵法。年二十四，起兵杀会稽守殷通，夺其印绶，收吴子弟八千人，渡乌江而西，与汉王刘邦结为兄弟，共立楚怀王为帝，同谋天下，怀王戒之曰："先入秦关为王，后入秦关为臣。"遣刘邦南征，项羽北征。刘邦破秦，先入关，秦王子婴出降。

从范增访立楚王孙图　清·佚　名

五字鉴

● 夺得秦家权，便把仁义绝。
鸿门会宴时，玉斗纷如雪。
两下动干戈，降兵夜流血。

　　刘邦号沛公，破秦先入关。项羽至后，关闭不能入，羽怒，攻破关。羽兵四十万，期明旦伐沛公。羽有叔名项伯，素与张良相善，知其故，夜至良所，邀良出走。良曰："吾事沛公久，有急逃之，不可。邀伯见沛公，告其故，留伯饮。"伯归谓羽曰："沛公戮力破秦，先入关，有功之人而击之，恐群臣不安，可善遇之。"次日，沛公诣羽谢曰："臣与将军戮力攻秦，将军战河北，臣战江南，不意先入破秦，秋毫不敢犯，籍吏民，封府库，以待将军。闭关者，防他盗也。今将军听小人之言，与臣有隙，不可。"羽曰："此沛公左司马曹无伤之言也。"羽留沛公，设酒于鸿门，贺亡秦宴。羽有谋臣范增，私告羽曰："吾闻沛公居山东，贪财好色。今入关，财物无所取，妇女无所幸，其志不在小，急杀之。少顷赴宴，吾弹腰间玉玦，即杀之。"至期，增弹玉玦三次，羽酣饮忘怀。增使项庄入席舞剑劝酒，因杀沛公。项伯思沛公昨宵之言，亦拔剑起舞，以身翼沛公，使不得杀。张良见事急，出召樊哙持剑入，怒目视羽，眼欲裂，怒发指冠。羽赐哙彘肩斗酒，哙割肉饮毕，羽曰："将军复能饮乎？"哙曰："臣死且不避，卮酒安足辞！"须臾，张良私语沛公出走，沛公诈称如厕，久不回。羽曰："沛公何在？"良对曰："沛公不胜杯酌，今已去矣，使臣奉白璧一双，献将军。玉斗一双，献亚父。"增怒，撞破玉斗。骂曰："竖子不足与谋，夺将军天下者，必沛公也。"言罢各散。沛公归，立斩曹无伤。以后两方动兵相伐。古诗云："鸿门玉斗纷如雪，十万降兵夜流血。"

宴鸿门张樊保驾图　清·佚　名

秦纪

王陵张子房,萧何并彭越。
韩信与陈平,出计人莫测。
争战经五年,汉兴楚渐歇。

王陵事汉,其母被羽羁留,不相会者数年。母遣人告陵曰:"汝善事汉,汉王长者,后必得大位。尽忠不能尽孝,勿以老母为念,怀二心。吾今死矣。"母送使者出,即自刎。陵得使者信,痛哭不已。后为相,果尽忠汉室。张良字子房,少游邳邑,遇老人堕履桥下。谓良曰:"孺子,下为我取履。"良欲不从,悯其老,乃为之取。老人以足受之,曰:"孺子可教。后五日平明,与我期于此。"良依期往,老人先在。怒曰:"与长者期,后何也?"复约五日,良往,老人又先在。怒,再约五日。良半夜而往,老人乃喜,授良书,曰:"读此可为帝者师。异日过济北谷城,见黄石即我也。"旦视之,乃《太公兵书》。良喜,习读不辍。良之先祖父世仕韩,被秦灭,欲为韩报仇。候始皇出游,良怀铁椎击之,误中空舆。左右捕之急,良走匿齐地。良佐高祖破秦,既定天下,封留侯。使之自择齐地三万户,因过谷城,果见一黄石,良祀之。后良辟谷从赤松子游,不知其所终。〇萧何与曹参皆为沛邑吏,同起兵佐汉。何为丞相,后封酂侯。镇国家,抚百姓,造法律,荐韩信,运粮草不绝,皆何之力。〇曹参出封郡邑,思与萧何同功一体,二人颇不睦。及闻何死,谓家人曰:"急整装,吾当入相矣。"言罢,使者果至。参为相,清廉爱人,百姓歌曰:"萧何为相,较若画一;曹参代之,守而弗失。载其清净,民以宁一。"〇彭越佐汉,屡建大功,汉王率五诸侯兵五十六万人伐楚,止于彭城。越谏曰"臣观天时不便,暂且停止。"汉王怒,竟伐之。时羽方击齐,闻之,以精兵三万迎汉兵于睢水上,汉大败,死者二十万人,睢水塞而不流。楚兵围汉王三匝,不能出,会大雷雨晦冥,越扶汉王并家属,从西北方而出。既定天下,封越为梁王。〇韩信乃韩国之后,少孤贫,有志无力。钓鱼于淮阴,寄食于漂母,母每日饭信,信曰:"后必重报。"母怒曰:"大丈夫不能自食,吾哀王孙而进食,岂望报乎!"信尝入市,被屠宰所欺,戏曰:"子能舍死,持刀杀我;如不能,出我胯下。"信不得已,俯过胯下,市人皆笑信怯。后遇项王起兵渡江,信从之,为执戟郎,羽尝辱骂之。汉张良知信有将略,往卖剑诱信归汉。萧何三荐于汉王,筑坛拜信为大将,佐汉有十大功劳,封信为三齐王,威名震世。项羽使武涉往说信,曰:"楚愿与将军分天下。"信不听,曰:"汉王解衣衣我,推食食我,背之不祥。"与汉始终不二。〇陈平,汴梁阳武人,少贫,有大志,好读书,居陋巷,以席为帘,然门外多长者车马。初事魏不用,去事楚,得罪逃归。故人魏无知荐于汉王,封平为护军都尉。汉臣周勃言于王曰:"平虽美如冠玉,其中未必有也。臣闻平居家盗其嫂,初事魏不容,亡归楚,楚不容,逃归汉。今大王用平护军事,私受诸将金,愿王察焉。"王召魏无知责之。对曰:"大王所问者,行也;臣所荐,能也。大王用人,犹良工之用木,取其所长,弃其所短,荐贤为国,岂为私乎!"由是拜为护军中尉。后平六出奇计,佐汉定天下,皆平之能也。六计大略:用千金行反间,疏范增不用,一也。以恶草具进使客,疑楚王,二也。夜出女子二千人,以解荥阳之围,三也。蹑足请封韩信为三齐王,四也。伪游云梦擒韩信,收其兵权,五也。为木人戏解白登之围,六也。事高祖复事吕后为相,杀国舅吕禄等,匡复汉业,后以二年卒。

五字鉴

● 项羽力拔山,一怒须如铁。
　xiàng yǔ lì bá shān　yí nù xū rú tiě

恃己多勇才,不用谋臣策。
shì jǐ duō yǒng cái　bù yòng móu chén cè

唯有一范增,见弃归田宅。
wéi yǒu yī fàn zēng　jiàn qì guī tián zhái

　　项羽有拔山之力,一怒须如铁,发指冠。轻贤慢士,机谋之臣多去之,韩信、陈平等皆不能用。范增智略过人,不听其谋。陈平用千金行反间,买羽左右,言增有二心,背楚向汉。羽疑,罢增兵权。增不能辩,乞归田里。愤而疽发背死。

划鸿沟接眷修和图　清·佚　名

● 垓下被重围，楚歌声惨切。
起舞于帐中，泣与虞姬别。
非不渡乌江，自愧无颜色。
拔剑丧其元，兴亡从此决。

楚汉之兵交战于垓下，楚败归。汉兵围楚数重，良夜于高阜上吹铁笛，楚兵感怀，各怀归意。汉兵四面皆作楚歌，羽闻之，叹曰："何楚人之多也，汉皆已得楚乎？"惨泣泪下，乃歌曰："力拔山兮气盖世，时不利兮骓不逝。骓不逝兮可奈何，虞兮虞兮奈若何？"羽谓虞姬曰："事不济矣，汝好事汉王"。姬曰："忠臣不事二君，烈女不更二夫，愿借大王剑。"羽与之，姬自刎。时羽兵仅存八百，汉兵犹不敢近，羽冲重围而出，至阴陵，迷失道路，陷大泽中。汉兵追至，羽顾左右止有二十八人。与汉兵独战，斩二大将，并杀数百兵。走至乌江，亭长泊舟请曰："江东虽小，亦足以王。"羽曰："吾领八千子弟渡江而西，以图富贵。今无一人还，更有何面目见江东父老乎？"遂拔剑自刎其首，犹行数十步。史记楚汉破秦相争，至此五年。

美人惨别走死江滨图　清·佚名

秦纪

汉宫秋月图 清·袁耀

画面远山如黛，富丽堂皇的宫殿笼罩在一片皎洁的月光之中，气氛静谧、清幽。园中山石、树木、流水、游船一应俱全。布局工巧精致，界画严整，意境幽深，有宋人遗意。右上自识"汉宫秋月。邗上袁耀画"。钤"袁耀之印"白文方印，"昭道氏"朱文方印。

卷中

汉殿论功图 明·刘俊

此图取材于「汉殿论功」的典故。汉高祖刘邦初立，功臣在殿上争功邀赏，致拔剑砍殿柱。叔孙通乃说高祖召鲁地诸生，规定朝仪，高祖大喜，以为如此始知皇帝之尊。

西汉纪

按《新安世系》云：刘氏出自唐尧之后，赐姓刘。至夏有刘累者，善养龙，事夏孔甲，封为御龙氏。在商为豕韦氏，在周封为伯。其后裔适秦归晋，复归魏为大夫，得罪，徙居丰县为民，生仁号，号生端，端生高祖。

● 汉高祖登基，宽大人皆悦。
纳谏捷如流，赏罚分清白。
约秦法三章，著汉书十册。

高祖姓刘名邦，字季，沛丰邑中阳里人也。号沛公，后称曰高祖。母后出郊，忽困倦，休息坡上，遇雷雨，梦与龙交。已而生高祖。隆准龙颜，宽仁大度。始皇时为泗上亭长，解囚往丰邑，途谓囚曰："今上无道，吾放公等去，吾亦从兹逝矣。"因有壮者十余人相从。夜半至大泽中，有大蛇当道，人皆畏之。季曰："此处不舍性命，何处去取功名！"遂拔剑斩蛇而过。后来者告季曰："前死蛇处，有老妇哭曰：'吾儿白帝子，今被赤帝子斩之。'"季闻之心喜，隐居芒砀山。后遇沛邑吏萧何、曹参起兵，收沛子弟得三千人，杀沛令，迎立刘季，号曰沛公。其势渐大，与项羽结为兄弟，举兵灭秦，后五载即帝位。纳谏如流，赏罚不吝。当时秦法极严，重则族诛腰斩，轻则刖足断鼻，去耳穿骨。汉王初入关，召诸父老豪杰谓曰："公等苦秦苛法久矣，吾王关中，与公等约法三章，杀人者死，伤人及盗者抵罪，论法轻重治之。秦之苛法悉除。"秦民大悦，遂命萧何定律，颁行天下。汉王既定天下，大夫陆贾请说《诗》《书》。帝怒曰："吾马上得天下，安事《诗》《书》！"贾曰："马上得之，安得马上治之乎？文武备用，长久之计也。使秦并天下，行仁义，法先圣，陛下安得有之？"帝悟曰："试为我著书：秦所以失，吾所以得，及古今成败之事。"贾著书十二册以进，帝观之称善。号《新语》。

清·佚名
斩大蛇夜走丰乡图

赐地谢功臣，敕封公侯伯。
纪信封城隍，万载承恩泽。
屈死韩与彭，寸禄未曾得。
早听蒯通言，不遭阴人厄。

汉王居帝位，下诏封功臣十八人：张良封留侯，帝使良自择三万户地；萧何封酂侯，赐剑履上殿；曹参、周勃、王陵、樊哙、郦生、夏侯婴、陈平等，所封皆有食邑。惟萧何食邑独多，众功臣不悦曰："臣等披坚执锐，多者百余战，少者数十合。萧何未尝有汗马之劳，徒恃文墨议论而已，今反居臣等上，何也？"帝曰："诸君知猎乎？发纵指示者人，逐杀兽者狗，诸君不过功狗耳，至萧何，乃功人也。"众遂莫敢言。○群臣又有争功不服者，相聚谋反。帝谓张良曰："何以待之？"良曰："陛下平日所憎者何人？"帝曰："雍齿也"。良曰："宜封之。"帝遂封齿为十方侯。诸将喜曰："雍齿封侯，吾等无忧矣"。以后有功之臣，次第悉封，群臣始服。○楚兵围汉于成皋，数日不得出。纪信事汉为都尉，谓汉王曰："事急矣，愿大王使人传命于楚曰：'汉王粮尽兵困，明日请降。'"次日纪信乘汉王车驾出东门降，楚人以为实，皆往东门观之。汉王开西门走。信至楚军，羽请下车相见，乃纪信也。羽怒，烧杀信。及汉王即位，追封信为天下城隍。○韩信佐汉有大功，初封齐王，后改封楚王。高祖居帝位，后出游信地，见信威势盛于朝廷，帝惮之，疑有异志。归与陈平议，托游云梦，召天下诸侯王朝会，收信兵权，执之，贬为淮阴侯。后陈豨反，帝亲出征。信舍人诬告信与豨通谋。吕后召萧何问计，何诈言豨就擒，邀信入贺，就宫中缚而斩之。信临刑恨曰："若早听蒯通之言，不遭阴人之手。"及高祖归，问信死有何言，后曰："信临刑曰'恨不用蒯通之言。'"先时蒯通事信为别将，常劝信反，不听。信既贬为侯，又遭诛戮，故有是言。帝遣人收通，通径入见帝。帝曰："汝使信反乎？"通曰："然，使信听臣之言，不致有今日也。信有十大功劳，佐帝定天下，有何罪杀之。臣愿从信于地下足矣。"帝悔悼下泪，为信立庙，封蒯通官，信年三十二岁而卒。○帝尝谓侍臣曰："运筹帷幄之中，决胜千里之外，吾不如张良；镇国家，抚百姓，给馈饷，使不绝，吾不如萧何；连百万之众，战必胜，攻必取，吾不如韩信。此三人者，人杰也，吾能用之，此吾所以得天下也。项羽有一范增而不能用，故为我取。"群臣叹服。○彭越事汉有大功，封梁王。其后有仇人诬告越弟谋反，罪连越。帝遣兵擒之，赦处蜀地。吕后曰："此养虎遗患也。"遂诛之，灭三族，碎其肉作醢，使人送与九江王黥布，嘱使者勿语。时布泛舟游江，使送醢至，比正席，食毕，使者告曰："此彭越肉也。"布恸哭吐而哇于水，尽化为蟹。布思越皆同功一体之人，无故受戮，遂反。帝亲征之，中流矢，陈平行反间，擒布斩之。函首京师，乱始定。后帝因箭疮发，亦成疾而崩。

● 张良解印归，保身最明哲。
陈豨见信俘，叛汉归番国。
帝命斩丁公，以怨而报德。

张良见韩信、彭越死于非命，遂解印而去，从赤松子游。○陈豨佐汉，为"赵"相国。因边乱，帝遣豨领兵四十万往征，既胜，豨思韩信有十大功劳封为王，无故贬为侯，后又遭戮，遂于边上立寨反，僭称帝。高祖亲征，与豨战，大败，汉兵死者十余万。豨因夜观天象，见事不顺，举家入番，即今后裔犹存。○大汉三年，汉以诸侯兵五十六万伐楚，楚王以精兵三万迎汉兵于睢水上，汉兵大败，死者二十余万，睢水塞而不流。汉王被围不能出，会大雷雨晦冥，得脱。楚将丁公追及汉王，帝急回顾曰："公何相厄哉？"丁公恻然舍之而还。其后楚灭，丁公思有旧恩，往谒高帝。帝曰："丁公不忠，致项王失天下。"命出斩之，使后世为臣者无效丁公也。嗟呼！丁公有德于汉而汉杀之，以德报怨，汉不负心哉！按高祖为王五年，为帝七年，共一十二年而崩，太子刘盈立，号曰孝惠皇帝。

西汉纪

悍吕后毒计戮功臣图　清·佚　名

93

○ 孝惠帝登基，仁慈多病怯。
吕后后临朝，阴谋移汉业。
诸吕尽封王，汉将位虚设。
若非平勃扶，国命不可活。

　　惠帝名盈，吕太后所生。先时高祖宠戚夫人，生子名如意，封赵王。高祖见惠帝懦弱，欲以如意为太子。吕后知之，召张良设计。良曰："此难以口舌争也，顾帝平日所重者，商山四皓，令太子以安车迎之。"四皓至，从太子入侍帝侧。帝惊曰："公等久诏不应，今从太子游，何也？"四皓曰："陛下轻贤善骂，臣等义不受辱。今闻太子宽仁爱士，臣故愿从之。"帝曰："烦公等善为调护。"四人出，帝召戚夫人言曰："我欲易太子，有四人辅之，羽翼已成，不可动也。"高祖崩，惠帝即位，以吕后为皇太后。后私以药酒鸩杀赵王如意。断戚夫人手足，去耳鼻，置溷厕中，号曰人彘。召惠帝观之，帝惊哭抱病，岁余而崩。惠帝在位七年，受高祖成业，无所作为。帝无子，吕后取他人子，立为皇嗣。后临朝摄政，以王陵为右丞相，陈平为左丞相，周勃为太尉。次年，吕后议立母家兄弟吕产、吕禄等为王，王陵言不可，平、勃以为可。后竟如平议立之，专权秉政，无所不至。吕后又欲移汉祚，以归吕氏，大杀汉子孙并假太子等。王陵谏曰："高帝刑白马以盟，非刘氏而王者，天下共诛之。奈何轻以天下与人乎！"

　　吕后居帝位八年崩，诸吕乃起兵为乱。时天下兵权尽归吕氏，汉臣不能主。陈平设计，使人说吕产解兵印付周勃，事方可成，勃得印令于众曰："扶刘氏者左袒，扶吕氏者右袒。"军民皆左袒。勃率羽林军捕吕氏旋诛之，财产入宫，匡复社稷，迎高祖第三子代王恒立之。其母薄氏恐朝廷假传诏命，再三辞却，陈平等叩头固请，乃许。帝即位，大赦天下，号曰孝文皇帝。封母薄氏为皇太后。后在高祖时，尝昼寝，梦龙伏胸，觉而有娠，生帝。帝即位，仁孝恭俭。侍皇太后病，衣不解带，汤药亲尝。以平、勃为左、右丞相，张释之为廷尉，掌刑名。朝野清平，甲兵不用。帝在位二十三年崩。太子即位，号孝景皇帝，大赦天下。以申屠嘉、周亚夫为相，天下丰稔，家给丰足，太仓之粟，陈陈相因，充溢露积。帝在位一十七年崩，太子彻即位，号孝武皇帝。

保储君四皓与宴图
清·佚　名

○ 传至汉武帝,习学神仙诀。
炼丹养长生,欲把天机泄。
高建楼台宫,觅迓蓬莱客。

　　武帝名彻。以先朝未有年号,改号曰建元元年。举贤良方正,亲自策问之。其先帝尚文学,置五经博士。及后信方士李少君、公孙卿,言蓬莱神仙可见,见则延寿;丹砂可炼为黄金,中有长生不死之药,遂遣方士入海求神仙。即归,言神仙好楼居,不可亵见。由是大兴土木,作建章宫、通仙桥、丹液池、蓬莱方丈,龙楼凤阁,千门万户。作承露盘高二十丈,中置仙人掌承露以炼丹,极尽华美,求数年,王母始至。

行封禅妄想求仙图　　清·佚　名

西汉纪

○ 王母献蟠桃，乘鸾来相谒。
方朔得仙缘，蟠桃三被窃。
从此竞奢华，国虚仓廪竭。

西王母古之仙女。因武帝求仙不已，乃乘鸾献蟠桃五枚，自食三枚，以二枚与帝。时东方朔侍帝侧，母指出曰："此子不仁，吾蟠桃三千年一开花，三千年一结实，被此子已三偷矣。"言毕乘云而去。自求仙以来，用度奢侈，国虚财尽，亦惑矣哉。

东方朔偷桃图　明·吴伟

● 置立税课司，即今成古额。
用度不足支，出卖官员册。

武帝见仓廪空虚，用度不给，置税课司作均输平准法，征商贾买卖之利，每两征税银三分，出卖武功爵级之册，富民纳钱多者与之大官，纳钱少者与之小官。

进神马兼迎宝鼎图　清·佚　名

○ 贾谊屈长沙，上疏论优劣。
仲舒公孙弘，二人庭对策。
朱买臣卖柴，拜相居帝侧。

贾谊乃文帝时人。位居三公，因事贬为长沙王太傅。见帝出卖武功官级，上疏论人才优劣。武帝亲试董仲舒、公孙弘等天人三策。仲舒等对策，帝览善之。以董仲舒为江都相，公孙弘为平津侯。弘为相，建东西二阁，召贤士则开东阁，武士则开西阁。朱买臣少时家贫苦学，卖柴营生，挂书于担头，行坐读之，手不释卷。武帝时状元及第，居相位。

负薪读书图 清·马驺

西汉纪

● 张骞泛天河，因使西域国。
卫青牧猪奴，封侯镇胡北。
相如卖酒郎，时来拜金阙。

张骞事汉封博望侯。武帝命骞使西域，因乘舟渡黄河，迷失津路，误泛入天河，遇一女子浣纱。骞问曰："此何地也？"女曰"此天河也。"将一石与骞，指使归路，曰："汝归，可问卖卜严先生。"骞归，以石往问之，严君平曰："此上界织女支机石也，汝何得来？"骞告其故。平曰："吾八月十三夜，见客星犯牛女之间。"骞曰："正其时也。"相传石榴、葡萄、大蒜皆骞在外域带其种归。○卫青少时家贫，代人牧猪羊于野外。有相者曰："此子后当富贵，官至封侯。"青曰："吾为人作奴仆，愿无笞辱足矣，安望封侯乎！"及壮，从军有功，封关内侯，镇胡北地。○司马相如少亦家贫，与其妻卓文君当炉卖酒，相如为涤酒器于市。后因过升仙桥，援笔题桥柱曰："大丈夫不乘驷马高车，不复过此桥。"后果以文词得幸武帝，拜中郎将，乘驷马高车归，过其桥。其妇酌酒指炉告曰："相公锦衣玉食，其无忘此乎！"

司马长卿图 明·陈洪绶

汲黯言直戆，霍光性忠烈。
苏武陷匈奴，牧羊持汉节。
去国十九年，还朝头似雪。
泣把李陵衣，作诗相与别。
五言诗起此，后世知诗则。

汲黯素性刚直，事汉为谏议官。尝直言谏帝，不容于内，出为东海太守。静卧一阁，郡中大治，召入为九卿。武帝方招文学，谓群臣曰："吾欲如此如此。"黯对曰："陛下内多欲而外施仁义，奈何欲效唐、虞之治乎！"帝怒，变色罢朝，公卿皆为黯惧。他日帝谓左右曰："甚矣汲黯之戆也！古有社稷之臣，黯近之矣。"○霍光人忠耿，武帝信任之，拜为大司马大将军。帝将崩，召光受遗诏，辅太子。光能尽心秉政，与民休息，朝野清平。光初事武帝，再事昭帝，又事宣帝，前后三主，居相位三十余年，名显天下，不失尺寸。及光卒，子孙藉父之势，谋反不轨，夷其三族。○苏武事汉为中郎将，奉命使匈奴。匈奴欲降之，武不屈。置于大窖中，绝其饮食七日，武飧毡吞雪不死，匈奴以为神。又迁武在海边牧羊，嘱曰："羝乳乃，放汝还。"武陷番一十九年，归时须发皆白。○李陵亦汉臣，奉命征匈奴，败降。后遇汉使至，陵告使者曰："尔可诡言于匈奴，吾天子猎上林中，得一白雁，足下有帛书一卷，知武陷在某处。"匈奴以为实，遂放武归，与李陵别，赋五言诗以见志。武归拜为典属国。○武帝在位五十四年，改元十一，费用奢侈，穷极民力，以求神仙。至末年乃悟曰："世间岂有神仙乎！"乃下诏自咎既往之非。太史公曰："武帝微轮台之诏，汉不免为秦矣。"寿七十一而崩，太子立，称为孝诏皇帝。

廿载使臣重返故国图　清·佚名

● 孝昭皇帝生，母怀十四月。
号曰尧母门，七岁登帝阙。
明见智非凡，政事皆自决。

> 汉武帝嫡庶之子甚多：长子名据，封太子，因巫蛊事发，走胡地自缢死；次子亦得罪；三子名旦，封燕王，在北方；其余或废或亡。惟昭皇帝，武帝之幼子也，名弗陵。其母钩弋夫人孕十四月而生。年七岁，体壮大，多智略。封为太子，召霍光辅之。武帝崩，昭帝即位，年方七岁，政事多自裁决，大臣拱手而已。当时帝在母腹，十四月而生，武帝以此号曰尧母门。

西汉纪

却坐图 南宋·佚名

表章六经文,民颂孔安国。
龚遂为太守,德化渤海贼。
使卖剑买牛,盗服心欢悦。
丙吉问牛喘,忧时失调燮。

燮音屑。安国乃孔子十五世孙也。事汉为九卿,常以《春秋》举事,表章六经。汉自文、景、武、昭以来,文风益盛,学校增崇。○渤海岁饥,群盗大作,帝遣中郎官龚遂为郡守。将至郡,传令州县,戒勿捕盗。盗闻之喜,皆带刀佩剑迎之。遂曰:"何如带牛佩犊来耶。诸君何不卖剑买牛,卖刀买犊,躬耕畎亩,以养父母,安蓄妻子称善人。何为轻生弃命,至于此乎?"群盗皆悦,悔过迁善,期年间家给人足,乡俗醇美。帝闻之,拜为都尉。○丙吉初为狱官,后为丞相。出郊外,途遇人斗死者不问,遇人逐牛而喘,问曰:"牛行几里矣?"或曰:"何贵物而贱人?"吉曰:"宰相上知天文,中佐人主,下察阴阳,方今少阳用事,犹未大热,牛喘出舌,吾恐阴阳失序,是以问之。殴死人者,自有京兆官治之,非宰相所当问也。"人谓丙吉知大体。○昭帝在位一十三年崩,年二十二,无嗣,霍光迎武帝曾孙即位,称为孝宣皇帝。初名病已,后改名询。先时武帝长子名据,为太子时,在宫中造巫蛊,事发,捕太子,宫人皆下狱。时宣帝初生数月,太子据之孙也,罪连宣帝,母子皆下狱。望气者言长安狱中有天子气,武帝欲尽杀狱中人。时丙吉治狱事,拒之不纳,曰:"他人无故不可杀,何况皇孙乎!"吏回报,武帝曰:"天也。"已而得释。及长,才高好学,年十八即帝位。以魏相为相,丙吉为廷尉,掌天下刑名。○路温舒上疏言秦有十失,其一尚存,曰画地为狱,议不入;刻木为吏,期不对。愿陛下省法制,宽刑罚,则太平可兴。○徐福上书言霍氏权泰盛,宜以时抑制,其说不行。后霍氏反,族灭之。○京兆尹赵广汉为官清慎爱民,被有仇者诬告下狱,吏民伏关涕泣求救者数万,竟不得免而死,民哀之如亲戚。○太傅疏广、少傅疏受叔侄上致仕求归,年已八十,帝赐黄金二十斤,皇太子赠五十斤,百官送者满道,皆曰:"贤哉!二老归乡里。"丙吉薨,黄霸代为丞相,吏民称为神明。先立教化,后施诛罚,人莫敢欺。○宣帝起自闾阎,知民间事体,群臣不敢欺诳。帝思当时故旧功臣,绘像于麒麟阁,以霍光为首,苏武为末,凡十一人。帝在位二十五年,功光祖宗,业垂后裔,称为孝宣皇帝。

张良像·清人绘

韩信像·清殿藏本

孝元登帝阙，仁柔喜儒墨。
国家大小事，尽付石显决。
凿壁读书人，芳名千古烨。
于公高大门，治狱多阴德。

元帝名奭，天性仁柔，喜儒术。为太子时，尝谓其父宣帝曰："陛下用法吏，刑罚太重，宜用儒士。"宣帝作色曰："汉家自有制度，俗儒不知时变，宜兼用之。"元帝既立，多病，国家之事，尽付宦官石显处决，僚属拱手而已。显为人聪明机巧，善得人主意，至是权柄愈重，百僚多敬惮之。○匡衡少家贫，好读书，夜无油。邻舍秉烛，衡凿壁引光读书。至是官为丞相，辅佐元帝，朝野清平，天下无事。○于公东海人，曾为狱吏。民有老妇守节不嫁，养姑甚谨。姑老，虑妨媳嫁，因自缢。姑有出嫁女告媳逼死姑命。拘下狱，妇不能辩，拟填姑命。于公争论不得，竟至死，东海大旱三年。后太守至，于公白其故。太守祭妇墓，遂大雨。人曰："于公治狱，素有阴德，宜高大门间，客驷车高马。后世子孙必有兴者。"其后，子于定国果登三公之位。

西汉纪

孝妇伸冤于公造福图　清·佚　名

忠臣甘延寿，镇守单于国。
良臣韩延寿，治民化以德。
奸臣毛延寿，做事多诡谲。
暗害王昭君，嫁为胡地妾。

元帝以甘延寿为都护使，镇西番。郅支单于纵兵侵界，延寿与副将陈汤假称诏命，率兵攻之。斩单于首以归，函送京师，汉帝命悬之藁街十日。藁街者，四夷往来之总路也。故示外国之人，以彰厥威。加封延寿为镇西侯。〇韩延寿初为颖川太守，民有兄弟争讼者。延寿闭阁，终日思过，自责曰："为郡守而不能宣明教化，使民间骨肉相争。"讼者知之，自悔其过，郡中翕然，各相劝戒，风俗和美，永无词讼。帝闻之，召入为卿，后被诬弃市，百姓莫不流涕悲叹。〇毛延寿乃汉之画工也。为人奸巧，得幸于帝。时元帝选妃于太守，有女名王嫱字昭君，聪明美貌，将献之。帝命延寿图其像，延寿要索太守金千两，太守不与，延寿恨之，改易其像，言于帝曰："不可用。"帝怒置之别宫。后帝见昭君貌美，悦而收之，欲杀寿。寿惧，负昭君像，献之单于。时单于主方来贡，见图喜甚，欲贪为妃，淹留不退，将作乱，言但得昭君即退耳。帝不得已，以昭君与之。后延寿被昭君命单于杀之，碎其尸。元帝在位十六年崩，改元者四。太子即位，称为孝成皇帝。

人物故事图之昭君出塞 明·仇英

○ 孝成登帝基，王氏生萌孽。
朱云犯帝颜，手攀殿槛折。
梅福亦上书，书上说妖孽。

成帝名骜，母王皇后为元帝长妃。成帝为太子时，好宴乐，几欲废，赖大臣史丹伏青蒲苦谏得止。既为帝，尊母为皇太后，封王凤为司马大将军，领尚书事，王崇为安成侯，王谭、王商、王立、王根、王逢时俱为关内侯，权位满朝。是日地震，黄雾四塞，人物不见，后一年封太后侄王莽为新都侯。王氏兄弟倚太后势，专权乱政，颠倒朝纲。王氏之祸，由太师张禹曲意奉承而起。先时张禹为成帝师，封安昌侯，帝敬之。群臣上表，言天下灾异迭作，皆由王氏专权所致。帝幸张禹私宅，问其故，禹思年老，子孙衰弱，恐为王氏所忌。对曰："日食、地震，自古有之。春秋之世，灾异迭生或诸侯相伐，或夷狄来侵。灾变之意，深远难见。孔子不语怪、力、乱、神，况常人能识之乎？乱道不足信也。"帝然之，由是不疑，遂养成大害。朱云为槐里令，诣阙上书曰："乞尚方斩马剑，断佞臣一人头。"帝曰："谁也？"对曰："安昌侯张禹也！"帝怒曰："小臣在下，延辱师傅，罪死不赦。"命拿云下。云攀殿上槛柱折断，大呼："臣宁死愿从龙逄、比干游地下足矣，未知圣朝何如耳。"左将军辛庆忌叩头流血，力救得免。朱云素知禹养成王氏之祸，常欲斩禹，以彰王氏兄弟之过。其后有修治殿槛者，帝命勿易，留旌直臣。○梅福为江西南昌县县尉，诣阙上书曰："方今王氏之权，陛下不见其形，宜察其影。数年以来，日蚀地震，春秋水旱无比。阴盛阳衰，金铁皆飞，此何景也！"书三上，不听。其后王莽篡位，天下大乱，福乃挂冠远遁。及光武即位，以福有救乱功，封万户梅烈侯，即今梅王菩萨是也。○成帝有威仪，然荒于酒色，政在外家。在位二十六年崩，改元者七。太子即位，称为孝哀皇帝。

猛朱云折槛留旌图 清·佚名

西汉纪

哀皇及孝平，天命中道歇。
朝野大纲维，尽归王氏宅。
相传十二君，王莽篡帝阙。
僭位十五年，九族皆诛灭。

哀帝名欣，元帝之孙也，成帝无子，迎立之。以王莽为大司马领尚书事，中外政令皆由王氏以及董贤而已。无所作为而崩。太皇太后命王莽迎立中山孝王箕之子即位，是为孝平皇帝，名衎，元帝之孙，哀帝兄弟也。○王莽为成帝母王太后之侄，少好读书，恭俭礼让，内事诸父，外结豪杰。成帝时封为新都侯，谨身节物，群臣敬惮。哀帝时封为大司马，以总百官之政，善能以礼使下，外播名声，内藏奸险。莽寿旦日，群臣上书，颂莽功绩者四十八万人。平帝加莽九锡，摄行天子事。腊日进毒酒于帝，帝崩。太后王氏诏征宣帝玄孙名婴为皇太子，号孺子婴。王莽摄政，出行东阶，号曰假皇帝，臣民称为"摄皇帝。"改国号曰新国，改元曰居摄。翟义等起兵讨莽，不克而死。○初始元年，莽即真天子位，废皇嗣孺子婴为定安公。王莽僭位一十五年，光武起兵灭之，解其尸，诛九族。莽为帝时，变汉旧制，增己新法，民受其虐。及灭，天下庆之。按《通鉴》：西汉起自高祖，至平帝并吕后共十二主，凡二百一十一年，光武立，号为东汉。

窃国权王莽弑帝图　清·佚　名

东汉纪

西汉建都长安，东汉建都洛阳。

● 东汉光武兴，师用严子陵。
冯异进豆粥，饷帝度饥辰。
续后进麦饭，竭力事于君。

光武姓刘名秀，字文叔，谥曰光武，汉景帝十世孙也。景帝幼子名发，出封为长沙定王，其后子孙繁衍，徙居于南阳白水乡，父名钦，为南顿县令，生秀，感嘉禾一茎九穗之兆，故名秀。幼有大志，见王莽篡国，与兄刘縯起兵讨莽。是时天下大乱，秀得下江新市兵及荆州平林兵数万人，共立宗室长子刘玄为帝，改元曰更始。封秀为大司马将军。秀遇故人严光字子陵，能识天文地理之书，阴阳合变之兆，秀尊为师，教以行兵之法。更始元年，秀大破莽兵于昆阳。秀至无萎亭乏食，冯异以豆粥奉秀食之，其后被王郎兵追至滹沱河，遇大风雨，湿衣乏食，走入民舍。邓禹捡薪烧火，与秀烘衣，冯异于民家觅饭菜一盂奉秀。秀曰："幸见天日，无相忘也。"其后秀得天下，旌表冯异，诏曰："久怀豆粥麦饭之馈，固未报也。"封异为大树将军。进封侯爵。异为人谦逊。不称己能。帝尝与群臣论功，异独退却大树下，故以其树为名。尽忠汉室而卒。

冯异荒亭进粥图 清·佚名

汉光武像 清·佚名

五字鉴

○ 马援邓禹等，设法用军兵。
长剑一挥起，四海尽安宁。
莽党皆遭戮，恢复旧乾坤。

马援、邓禹同光武起兵，匡复汉室，曰："愿与明公共建功业，垂名竹帛耳。"于是四方豪杰皆闻风而至，光武之业日隆，王莽之势日削，四方小寇皆降。诸将欲尊王为帝，王不允，耿纯固请曰："士大夫捐亲戚，弃土壤，从大王于矢石之间，只望攀龙鳞，附凤翼，以成其志耳。今若不从众议，大众一散，难可复合。"更始三年，武乃即帝位于鄗南，改元建武。时刘玄在长安，莽极攻之，玄出走，武乃大举兵伐莽。汉兵入城，莽犹曰："天生德于予，汉兵其如予何？"擒莽于渐台，碎其尸，附莽者悉皆族诛，于是天下复汉。按《通鉴》：光武起兵五年得帝位，天下犹未太平，后三年始四海为一。○帝既即位，以邓禹为丞相，领尚书事。以马成为大司徒，知制诰事。冯异为大司马，知枢密院事。吴汉为侍卫、大参政。王霸为御史大夫。马援、马武为天下都统大兵元帅，专主征伐。王梁为护国大将军，其余出镇于外。○严子陵，光武之故人，隐居于富春山不出。帝图其像，遣人遍求之不得。有告之曰："某处一渔翁，披羊裘而钓。"命往迎之。拜谏议大夫，不受。帝留同宿，子陵以足加腹。太史奏曰："客星犯御座甚急。"帝笑曰："朕与故人严子陵同卧耳。"子陵归去，帝遣人为之筑室于富春，钓鱼而终。

光武帝登坛即位图　清·佚名

东汉纪

赤（chì）眉（méi）贼（zéi）作（zuò）乱（luàn），帝（dì）御（yù）驾（jià）亲（qīn）征（zhēng）。
天（tiān）降（jiàng）廿（niàn）八（bā）将（jiàng），上（shàng）应（yìng）列（liè）宿（xiù）星（xīng）。
云（yún）台（tái）颂（sòng）功（gōng）绩（jì），次（cì）第（dì）图（tú）其（qí）形（xíng）。

赤眉贼以朱涂其眉，故号赤眉。其党有数百万人。迎立汉宗室刘盆子为帝，以徐宣为丞相。光武命邓禹击之，不利。帝与冯异等御驾亲征，大破赤眉于崤底，贼党徐宣等肉袒以降。帝谓之曰："得无悔降乎？"宣等叩头曰："脱虎口，归慈母，有何悔乎！"帝赦之，各赐土田，量才受其官，赤眉之党悉平。〇光武中兴，乃天命所赋，得二十八将佐之，一匡天下。光武崩，子明帝立，思念父存日功臣，乃图画形像于云台上，以应二十八宿。邓禹为首，次马成、吴汉、王梁、贾复、陈俊、耿弇、杜茂、寇恂、傅俊、岑彭、坚镡、冯异、王霸、朱祐、任光、祭遵、李忠、景丹、万修、盖延、邳彤、姚期、刘植、耿纯、臧宫、马武、刘隆，惟马援系皇后之父，而不与焉。

图云台为后避勋亲图　　清·佚　名

五字鉴

曾渡滹沱河，河水结成冰。
若非真帝主，怎感动天心。

光武为大司马时，进萧王，在蓟为王郎追逐，王败走。将至滹沱河，王遣人视河冰厚薄，有船渡否。使者报曰，水流无船。武复使王霸视之，果然。霸恐惊心，诈曰冰坚可渡。王引兵前往，河水忽结成冰。王兵将渡河毕，冰即大解。王欲杀前使，霸叩头谏曰："非使者之罪，今大王有德，上得天心，非偶然也。"乃赦之。光武在位三十三年，心性英明，宽仁恕物，不责小过，不忘旧交。首起太学，修明礼乐，焕然文物可观。每视朝罢，与公卿讲论经史古制，或日西而罢，或夜半而止。太子曰："陛下有禹、汤之明，而失黄老养生之道。"帝曰："我自乐此，不以为劳也。"年六十二而崩，改元者二，曰建武、中元。太子立，称为孝明皇帝。

坚冰待渡－德格天图　清·佚　名

东汉纪

● 孝明皇帝立,仁爱政宽平。
临雍行养老,崇学博儒经。
释教兴于此,帝梦见金人。
遣使往西域,取佛入东京。

明帝小名阳,幼有智慧,为太子时,光武下诏检勘民间田亩户口,开报送京。诸郡遣吏赍册皆实,惟陈留册内有小帖云:"颍川、弘农可问,河南、南阳不可问。"只此两句,光武见之,怒,追问吏之来由。吏托辞于路拾得之,帝治吏以罪。时明帝年十二岁,侍父侧,答曰:"吏受郡守勅,欲田户相方耳。河南帝城,多近臣;南阳帝乡,多近亲;田宅逾制,不可为准。"吏叩头曰:"太子所言是也。"光武大奇之。河南是帝所都之城,有大臣显宦;南阳是帝之故乡,有故亲贵戚;田地多寡不可为则。帝如太子言,赦吏罪。〇辟雍,学名。明帝即位,临辟雍行养老之礼毕,召诸儒引弟子升堂执经问难,行揖让之礼。环门而观听者亿万,皆曰善。〇古先中国无佛法。明帝夜卧,梦一金人长丈余,飞空而下,立于殿前,霞光满金阙。次日,帝问群臣,傅毅对曰:"西域有神,其名曰佛,知陛下仁德广厚,故来见之。"帝遣蔡愔等二十八人往西域取之,得佛经四十二卷及沙弥僧以归,于是佛法始入中国。帝诏建寺塑像而居之。帝在位十八年崩,改元永平。太子立,称为孝章皇帝。

赴西竺蔡愔求佛典图 清·佚名

孝章皇帝立，宽厚待群臣。
文之以礼乐，贡举任贤人。

章帝名炟，即位以来，知明帝法度严厉，群臣惮之，反之以宽。举贤良，赦小过，文风愈盛。尝谓群臣曰："礼乐不可斯须去身。"下诏州郡考选人才，岁贡于朝，后世贡士自此始。帝在位十三年崩，改元者三。太子立，称为孝和皇帝。

历朝贤后故事册之身衣练服　清·焦秉贞

● <u>孝和皇帝</u>立，年纪尚幼稚。
内臣欺主少，专权自此始。

> 和帝名肇，母梁氏，窦皇后鞠之。年十岁即位，内臣欺帝年少不能主国事，窦太后临朝摄政事，多与内臣共决。汉自高祖以来，内臣不得用事，惟传诏命及备宫中洒扫而已。从此内臣得专权柄，外臣受制，顺令而行。帝在位十七年崩。太子立，称为孝殇皇帝。

窦后图　清·吴友如

东汉纪

● 孝殇皇帝立，百日坐朝厅。
在位八个月，辞凡归帝京。

> 殇帝生仅百余日而和帝崩，朝廷无主。邓太后与兄邓骘抱帝即位，凡八月而崩，复迎章帝孙立之，称为孝安皇帝。

朝议图　明·王文衡

東漢紀

● 孝安皇帝立,聰明未冠巾。
邓太后攝政,朝野頗安寧。

安帝名祜,章帝之孫也。自幼聰明特達。鄧后立之,時年尚幼,鄧后攝政,群臣各守其職,朝野頗稱治平,賢士多出其時。帝末年荒于酒色,多賴太后賢,輔翼之。在位十九年崩。改元五。太子立,稱孝順皇帝。

歷朝賢后故事冊之戒飭宗族　清·焦秉貞

五字鉴

● 孝顺皇帝立,即位赖孙程。
内宦专权柄,封侯十九人。

xiào shùn huáng dì lì, jí wèi lài sūn chéng。
nèi huàn zhuān quán bǐng, fēng hóu shí jiǔ rén。

> 顺帝名保,为太子时,被近幸谮谤,废为济阴王。阎皇后与阎显议立章帝孙北乡侯为皇嗣。及安帝崩,宦者孙程等窃持国柄,谋诛阎显,迁阎皇后于别宫,迎济阴王即位。大封宦者孙程等一十九人皆为侯,宠用之,而内宦之权愈甚。帝在位十九年崩,改元者五。太子立,称为孝冲皇帝。

历朝贤后故事册之约束外家　清·焦秉贞

● 孝冲皇帝立,二岁坐龙廷。
在位阅三月,受毒致颓龄。

> 冲帝非正皇后所生,年二岁即位。逾三月,被害中毒而崩。梁太后定立渤海孝王之子,称为孝质皇帝。

东汉纪

历朝贤后故事册之含饴弄孙　清·焦秉贞

五字鉴

○ 孝质皇帝立，章帝之曾孙。
即位年八岁，躁暴性聪明。
以言触梁冀，进毒丧其身。

质帝名缵，章帝曾孙也。年八岁，群臣议立之。自幼聪明刚毅，有澄清天下之志。知大司马将军梁冀专政，因会朝之日，帝目冀曰："此跋扈将军也。"由是冀恨之，使人于饼饵中置毒而崩。在位一年半。跋扈者，犹强梁也。如立箱簀在水中以取渔也，水退则小鱼限其内，大鱼则跳跃而过。

历朝贤后故事册之教训诸王　清·焦秉贞

位传孝桓帝，复传与孝灵。
献帝终天命，邦基三国分。
相传十二世，前后四百春。

时质帝将崩，大臣杜乔、李固欲迎清和王即位，权臣梁冀强迎蠡吾侯立之，是为桓帝。梁冀因立帝有功，封丞相，诸子侄皆封侯。杜、李因争立成仇，被冀害，下狱死，清河王贬为侯。帝在位二十一年崩，无子，窦太后定迎章帝之玄孙即位，是为孝灵皇帝。名宏，年十二岁即位。窦太后临朝，以窦武为大将军，陈蕃为太傅，同掌朝政，诏征名贤，将致太平。后被宦者专权乱政，陈蕃等皆被窜死。灵帝在位二十二年崩，改元者四。太子为董卓所废，迎立陈留王，称为孝献皇帝，名协，时年九岁。封卓为大司马，自加太师，欲篡位。关中诸部袁绍、孙坚等起兵讨卓，不克。大司徒王允密结中郎将吕布，伏兵杀卓于朝门内，族诛之，以王允秉政，次年用曹操为大司马，寻封丞相领尚书事。操踵卓所为，怀篡逆。时孙权，刘备等亦起兵讨曹操，天下骚然。献帝在位三十二年，政由操出，操卒，子丕袭父爵，领尚书事，用天子车服，出入警跸，加九锡，进封王，遂废献帝为山阳公，汉纪绝。○《通鉴》记西汉自高祖大汉元年为王，五年为帝，至平帝末，并吕后，共十二主，凡二百一十四年。东汉自光武至献帝末共十三主，凡一百九十五年。前后汉共二十五主，共四百零九年。史书记两汉四百二十六年，并王莽僭位在内。

孙权决计破曹操图 清·佚 名

汉家忠伪将，大略述其名。
扬雄怎投阁，阴有不忠诚。
寇恂廉叔度，恩泽万民钦。

扬雄字子云，在西汉为给事。久不迁官，王莽用为大夫，作《太玄经》，卒章颂莽功绩，比于伊、周。其后，莽被汉灭，雄校书天禄阁，闻有使者至，雄惧，从阁上投下而死。又云，雄因刘棻坐事，罪连及雄，投阁而死。○寇恂事光武为执金吾，位居九卿上。颍川群盗大作，帝谓恂曰："颍川盗起，屈卿为郡守可乎？"恂径往，群盗悉平。帝征恂归，颍川之民遮使者道，大呼曰："愿借寇君一年。"恂留一载，风俗淳美，家给人足。○廉范字叔度，明帝时为蜀郡太守，宽平仁爱。前太守禁民夜作，以防火患，举火者治以罪。及叔度至，改前令，使民多储水以备之，民得夜作，便其所事。民歌之曰："廉叔度，来何暮。不禁火，民夜作。昔无襦，今五裤。"襦者，短衣者。

惊连坐投落校书阁图　清·佚　名

董宣强项令,执法论朝廷。
公孙述称帝,人道井蛙鸣。

光武姐湖阳公主家奴杀人,廷尉御史莫能治。洛阳令董宣俟公主出游,奴为骖乘,宣令人拿下车格杀之。公主归告于帝,召宣至,命捶宣。宣高声呼曰:"纵容家奴杀人,何以平治天下,臣不须捶,愿自杀。"即以头触殿柱,流血被面。帝命小黄门持之,使叩首谢公主。宣不肯,帝命按下其首,宣两手据地,终不屈。赦之,命强项令出,赐钱三十万以旌其直。寻迁洛阳尹。○公孙述字子阳,与光武同时起兵,僭称帝于蜀都,光武得天下,使马援说其来降,援与子阳同里,子阳大设兵卫迎援,援心鄙之,见其度量浅促,威仪粗俗,归谓帝曰:"子阳井蛙,妄自尊大,但闻其声,不见其形,终不永也。"后二年,光武、吴汉、岑彭引兵伐之,灭其党。

伪蜀帝城下拚生图　清·佚　名

五字鉴

● 毛义捧檄入，移禄为养亲。
班超誓投笔，万里封将军。

章帝诏举孝廉，章彪奏曰："国以简贤为务，贤以孝行为先，求忠臣必于孝子之门。"时庐江民毛义以孝行见称，郡守遣人赍檄命至义家，以义为安阳令。义捧檄喜动颜色。时张举谒义，见而轻义贪禄。其后母丧服阕，朝廷征义，不往。张奉叹曰："昔日之喜，为亲禄养也。"〇班超，汉明帝时人，幼有志节。家贫，代人书写生活。一日投笔于地，叹曰："大丈夫须当万里封侯，安能久事管城子乎！"有相者谓超曰："虎头燕颔，飞而食肉，万里封侯相也。"后超从征，为都护，征西域有功，封定远侯，镇西域。二十年上表乞归，曰："愿生入玉门关。"帝许之，召还。

使西域班超焚虏图　清·佚　名

● 杨宝曾救雀，四世为公卿。
杨震举王密，不受四知金。

　　杨宝，章帝时人，杨震即其子也。宝尝出外，见一黄雀被鸮搏堕地，为蝼蚁所困。宝见而怜之，取归置箧中。每日采黄花食之，雀既愈，且放出，暮自归如常。忽化为黄衣童子，持玉环一双谢曰："好掌此环，屡世当有公卿。"后子孙四世果居宰相之位。○杨震，安帝时人，杨宝即其父也。关西人，字伯起，曾为教授，于堂下得三鳣。生徒以为吉兆，取以进曰："先生自此升矣，宜有三公之象。"不久迁为郡守，果至三公之位。尝举荆州茂才王密为昌邑令。其后震过其处，密暮夜怀金十斤送震，震辞不受。密曰："暮夜无知。"震曰："天知，地知，子知，我知。何谓无知！"密愧，怀金而退，时人称震曰关西夫子。

畏四知杨震却遗金图　清·佚　名

东汉纪

岑彭为刺史，民间犬不惊。
张堪为太守，麦秀两歧成。

岑彭，光武时人。为魏郡刺史，清廉有德，郡邑太平无事。民歌之曰："我有枳棘，岑君伐之。我有蟊贼，岑君遏之。狗吠不惊，足下生氂。"后迁九卿之位。〇张堪为渔阳太守，仁德爱民，郡中丰稔。民歌之曰："桑无附枝，麦秀两歧；张君为政，乐不可支。"附枝者，一名寄生，一名寓木，其叶皆不可饲蚕。两歧者，麦节由旁出两穗曰歧，皆成实有收。民感其化，故作是以颂之。

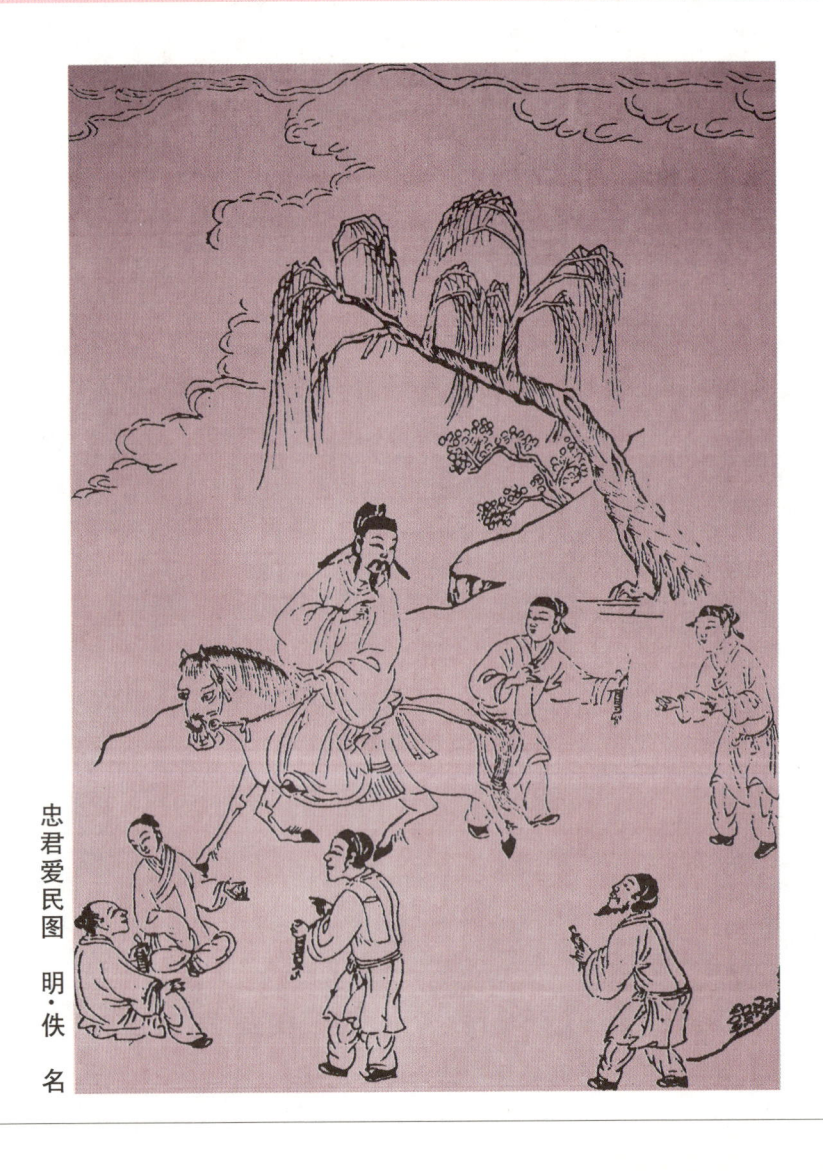

忠君爱民图　明·佚名

刘宽为郡守,蒲鞭治吏民。
刘昆为邑宰,反火感神明。

刘宽字文饶,桓帝时人。为南阳太守,仁爱宽厚。吏民有过,不用重刑,惟用蒲鞭笞之,示辱而已。尝出外,民有失牛者,错认宽驾车之牛为己牛,宽不与民辩论,让牛与民,宽下车步归。少顷,民得所失牛,送前牛还宽。叩头曰:"惭负长者,随所刑罪。"宽曰:"天下物有相似,事有错误,牛劳送还,又何罪焉。"一日当朝会,其妻待宽整衣出,妻故使婢奉肉羹污其衣。宽从容曰:"羹烂汝手乎?"由是人皆服宽长厚。○刘昆,光武时人。为江陵县令,民有失火者,烧毁甚众,救之不得息。昆急趋至火处,向火叩头拜曰:"臣为民之父母,不能宣明德化,故使百姓受殃。"少顷,反风扑灭其火。民感之,以为神助。朝廷知之,迁为弘农太守。郡中虎狼伤人甚多,民受其害。昆至郡,知其故,率民拜告天地山川之神,其夜虎皆北渡河而去。归而复命天子。帝问之:"行何德政,以致如是?"昆对曰:"偶然耳。"帝曰:"长者之言。"命书之策。

刘宽多恕图 清·佚名

五字鉴

○ 陈蕃待徐稚，设榻悬中庭。
汝南许劭等，常为月旦评。

　　陈蕃，桓帝时人，为江西豫章太守。有处士徐稚，字孺子，以德行见称。蕃常设一木榻，悬于中庭，徐稚至，则下榻迎之，稚退则悬之。其后蕃事灵帝为太傅，征稚，稚不至，稚知朝廷将乱，故辞不就。时丞相黄琼卒，四方名士送葬者七千余人，徐稚最后，致生刍一束于墓前，不见主人而退。众知之，曰："此必徐孺子也。"使茅容追之，问国事，不答而去。其后陈蕃等果为宦者所害，世人皆称稚为南州高士。○汝南许劭有德行，见朝廷混乱，三纲不正，乃与同乡有德之人，立为月旦之评，区别人物善恶。每月旦日，则与众会于公亭之上，教以孝悌忠信，礼义廉耻，有善则书于册，有恶亦书于册。三犯而行罚，不悛者绝之。曹操往问之，曰："我如何人也？"劭不答。操固要之，劭曰："汝治世之能臣，乱世之奸雄也。"操喜而退。其后操果专权乱政，夺汉天下。

人物山水图之徐稚磨镜图　清·任　熊

耿恭曾拜井，张纲昔埋轮。
苏章为御史，执中不顺情。

耿恭字伯宗，明帝时人。为校尉，镇西域界。城旁有涧，匈奴兵来攻，于上流以舟塞其水，使耿兵不得饮，兵皆渴甚。于城市面上掘井十五丈，不见泉。恭整衣冠，向井拜求，须臾井泉大出，兵皆得饮。匈奴以为神，竟不敢侵。其井今尚存。○张纲，顺帝时人。帝勅刺史八人分察州郡。皆出洛阳，次于都亭，纲独埋车轮亭上。回奏曰："权臣梁冀与弟不疑，兄弟有无君十五事，豺狼当道，安问狐狸！"时梁氏兄弟秉政弄权，威行内外二十年，天子拱手而已。后竟至冤杀大臣杜乔、李固，帝知之不能问。○苏章字孺文，顺帝时人。为冀州刺史。有故人为清河太守，贪污。章巡按至郡，故人迎接于邮亭，盛设酒席，尽欢而罢。故人喜曰："人皆有一天，我独有二天！"章曰："今日与故人欢宴者，私恩也；明日冀州刺史按临者，公法也。"次日果直举太守赃罪，朝廷美其中正。

御北寇耿恭拜泉图　清·佚　名

仇香能劝孝，郭泰善知人。
杜乔李固死，雷轰汉殿倾。
朱穆为刺史，郡臣魂胆惊。

陈留人仇香，字览，桓帝时人。年四十为蒲亭长。有陈元者，其母告不孝，仇香往其家，教以人伦三纲五常等语。陈元感悟，卒为孝子。县令王奂知之，举仇香为县主簿。奂谓香曰："陈元不罚而化之，得无少鹰鹯之志耶？"香曰："以为鹰鹯不若鸾凤。"奂曰："枳棘非鸾凤所栖，百里非大贤之路。"乃荐香入太学，郭泰见之，拜于床下曰："君乃泰之师也。"征于朝，不就而卒。○郭泰仁者，能知人之贤否。常出游洛阳，途遇大雨，休息于大树下者甚多，众人皆箕踞蹲地，惟见一人危坐如常。泰问其故。答曰："敬天之威。"问其名，曰茅容。泰举人太学，后出仕。又遇孟敏，荷甑堕地，不顾而去。问之，曰"甑既破矣，顾之何益？"当时之人皆用瓦甑。泰知刚烈，举入太学，后出仕。泰素性不藏人善，所举者百余人，皆为名士。泰生于乱世，位虽高，言行益谨，得无事而卒，其余名士多被宦者冤锢而死。○杜乔、李固，皆桓帝时人。居九卿之位。时梁冀为总兵大司马，专权，鸩死质帝。杜、李二人议立清河王为帝，梁冀强迎蠡吾侯立之，即桓帝也。冀以立帝有功，与李、杜不睦，以他事诬陷二人入狱，斩首于市。贬清河王为侯，帝不知也。是日雷惊帝寝殿。帝问其故，左右答曰："司徒、太尉二人无故受刑，触天怒也。"帝叹恨不能问。其后梁冀权威日肆，帝拱手而已。帝私与宦者谋，杀冀，举族皆诛，天下之民悦之。○朱穆，亦桓帝时人。为冀州刺史，清廉严刻，州郡官长望风解印而去者四十人。有宦者赵忠归葬父，僭用玉匣。穆按验，剖其棺而去之。宦者奏闻，帝大怒，召穆送廷尉问罪。太学生刘陶等数千人上书讼穆冤，言内臣窃持国柄，口衔天宪，手握王爵。穆独亢然辅国，竭心憛忧，为上深计。臣等愿代穆罪。上赦之，复其官。

忤内侍朱穆遭囚图　清·佚名

● 虞诩征羌贼，增灶以行兵。
黄宪多才德，声名四海闻。

虞诩，安帝时人。凉州被羌贼所陷，权臣邓骘言边郡多事，欲弃凉州不救。时虞诩为郎官，争议救之。邓骘恶其言，欲陷诩，以三千兵命诩往救。诩领兵日夜行，将至郡，命一军各作两灶，每日增之。或曰："孙膑减灶，今君增之，从速进而日倍之，何也？"诩曰："孙膑见弱，我今示强，势不同也。速进则彼不测，增灶则吾加兵。羌贼数万，吾兵三千，焉可对敌，必以计胜之。"及至彼处，屯兵不出，每日令水军与贼挑战，故示弱，贼不为备。诩一日分兵而进，出其不意，猝然掩击。贼败走。擒首领以归，余贼悉降，凉州平。诏诩归，拜为都尉。○汝南郡民黄宪字叔度，安帝时人。自幼才德超群，人多慕之。年十四，颍川守荀淑遇于道，竦然异之，曰："子吾师表也。"及见袁阆曰："子国有颜子也！"阆曰："见吾叔度耶？"陈蕃同举常相谓曰："荀日不见黄生，则鄙吝之气复萌矣。"郭泰常谒大夫袁阆家，不宿而退；及谒宪家，累日不去，退而叹曰："叔度汪汪若千顷波，澄之不清，淆之不浊，不可量也。我等泛滥不可及。"

虞诩增灶断追图 清·佚名

董卓多欺诳，号闻牛丞相。
欲夺汉家权，宠用奸谋将。
却遭吕布诛，天下人欢唱。

董卓为人机诈，以大司马将兵在外，因朝廷内乱入救，心怀篡夺，废太子辩，迎陈留王即位，年九岁，号献帝。进用奸党，群相阿附，筑室于郿坞，积粟为三十年计，珍宝积聚如山。自云："事成恩被天下，不成守此以终老。"威权日恣，恶声外扬。长沙太守孙坚等共举南阳太守袁绍为盟主，合兵讨卓，不克。司徒王允等暗谋杀卓，结中郎将吕布为内应。布曾事卓为义父，有小过，卓刺之，走而得免，由是有隙。乃受王允密计，伏兵门内，侯卓入朝，刺卓堕车下。卓大呼曰："吕布何在？"布曰："有诏讨贼。"斩之，族皆诛。卓体肥大，暴尸于市，吏为绵炷置脐中，以火燃之，光达三日夜。百姓往观者填塞道路。

元恶伏辜变生部曲图　清·佚　名

中郎蔡伯喈，弃亲不奉养。赵五娘独贤，剪发为埋葬。

蔡邕字伯喈，陈留人。灵帝时为中郎将，帝遣使外国买马，数年不得归。双亲年老在家，遇凶岁饥饿而死。其妻赵氏事奉公姑至孝，剪发以为殓资。鄙人张广才助资以葬。其后赵氏至京，寻访方归。

蔡邕侍疾图 清·佚名

○ 汉家帝祚衰，忠臣遭戮窜。
四海锦乾坤，一旦如冰泮。
王气入三家，位被权臣篡。

汉灵帝即位，以窦武、陈蕃秉政，中外清平。宦者曹节等专权，蕃、武二人谋诛之，事露，宦者假传诏命，发兵收陈蕃等，诬以大逆，斩首于市。朝廷正臣一时诬死者百余人，锢狱死者六七百人，朝野大震，贤士隐避山林。及献帝即位，权臣董卓诛，司徒王允被杀，曹操为大司马秉政，中外政事多归曹氏。是时天命既去，朝野大乱，刘备、孙权起兵，四方瓦解，不可复救。惟曹操兵权最重，封丞相领尚书事，已而进爵为王。操卒，其子丕立，袭父爵秉政，加九锡，摄行天子事，遂废献帝为山阳公。丕即位，三分天下，号曰三国。

曹丕废帝篡炎刘图 清·佚名

三国纪 sān guó jì

按曾氏云：曹丕、刘备、孙权三人同分汉业。袭汉位者，曹丕也，宜以魏为正，以汉、吴为附。今依《朱子纲目》，刘备系汉室子孙，故以汉为主，魏、吴为附。

● 曹操孙权起，持衡与汉叛。
　操子曹丕立，窃把帝位换。
　改国称为魏，举兵遂灭汉。

曹操自幼英武，初为洛阳县典史，掌巡捕盗贼之职。造五色大棒悬于门，有犯禁者，不论王公贵族，以棒治之。京师之人绝迹不到其处。自是威名日著，迁为都护。引兵讨卓不克，已而出为兖州刺史，复为冀州牧，为大司马，封丞相，寻封魏公，已而封魏王。用天子车服，欲篡帝位，不果而卒。子曹丕袭父爵为王，加九锡，摄行天子事。逼汉帝禅位，迁汉帝为山阳公，丕即天子位，改国曰魏。追尊父曹操为魏武皇帝，其后子孙称帝者凡五世，共得四十六年，晋司马夺其位。

孙权降魏受九锡图　清·佚名

133

孙权国号吴，天下成大乱。
立位在南京，居民遭逐窜。

孙权乃孙坚之子，祖孙钟家贫，种瓜为业，以瓜待行客，不索其钱。积有阴德，而生权父坚。初为长沙太守，复为江东刺史。引兵讨卓不克，后死于黄祖。权与兄孙策领父兵权，以救江东之乱。乱平，屯兵于江东。策卒，权独任其职，得周瑜辅之，兵势日盛。屡与曹操、刘备争衡，霸踞江东二十余年，朝廷莫能制。称帝于应天府，国号吴，江东之地尽属吴矣。是时三分天下，吴得其一，子孙相传四世，共五十九年而亡。

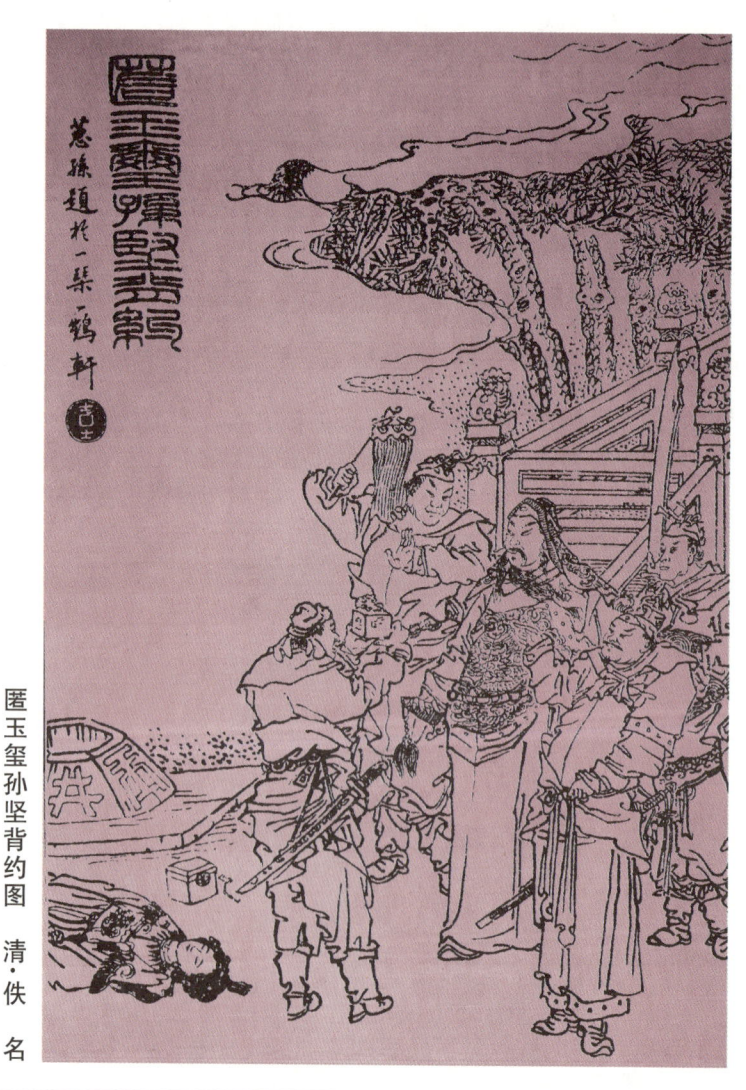

匿玉玺孙坚背约图 清·佚名

● 刘备与争锋，三国逞英雄。
关张诸葛亮，扶汉气吞虹。

　　刘备字玄德，西汉景帝第八子中山靖王之后，落为庶人，徙居涿郡。为人有大志，身长七尺五寸，手垂过膝，目顾见耳。与河东关羽、涿郡张飞相善，于桃园结为兄弟。见朝廷政乱，密谋起兵，得武士数千余人。涿郡太守以兵捕之，遂杀太守，夺其兵印，威势日盛。聘请诸葛亮为军师，居荆襄之地，与曹操、孙权连岁交兵。后称帝于成都武担之南，改元曰章武。以诸葛亮为丞相，许靖为司徒，姜维为大司马将军，马稷为都护，关、张两公为夹辅。帝居位三年而崩，谥曰昭烈皇帝。遗诏授孔明辅少帝，时三国颇相安。及亮卒，其子诸葛瞻、姜维、蒋琬、杨仪、费祎、董允等相继秉政，威势渐衰。魏大将军司马昭遣副将邓艾举兵侵汉。出其不意，汉不能敌，奉玺出降。皇子谌怒曰："天下者，先帝之天下也。若势穷力屈，祸败将至。当父子君臣背城一战，同死社稷，以见先帝可也。奈何降乎！"帝不听，率群下出降。谌不屈，号哭于昭烈之庙，先杀妻子而后自杀，汉人莫不感泣。时大将军诸葛瞻与子诸葛尚、姜维等皆死于阵。史载汉二帝，共四十三年。司马炎灭之，封汉帝安乐公。三国并立，惟汉先亡。后二年，魏亦亡于司马炎，惟吴后亡耳。

宴桃园豪杰三结义图　清·佚名

五字鉴

○ 鼎足分天下，角力而相攻。
横行五十载，四海遭困穷。
长江沉铁索，帝业总成空。

汉、魏、吴同起兵相争，各据一方，如鼎之有三足，故曰三国。或满五十年而亡，或未及五十年而亡。晋司马炎既灭汉、魏，惟吴未降。遣兵顺流伐吴。吴人知之，作大铁索横江截之，又作铁锥长丈余置水中，船遇之刺穿其底，使不得行。晋人知之，聚竹木作筏，又以荻苇为大炬，加以麻油。使善水者乘筏先往，锥遇而去，锁遇而烧，须臾断绝，筏往如飞。晋兵下至石头城界，吴王奉玺自缚出降，由是天下皆归于晋。唐诗有云："千寻铁锁沉江底，一片降幡出石头。"○史载魏灭汉二年，晋乃灭魏，三分天下，晋得其二。又一十六年，晋始灭吴。吴自孙策定江东，僭称王至此，凡八十余年。孙权称帝，至此凡四世，共五十九年而亡。○汉二帝，共四十三年而亡。○魏五帝，共四十六年而亡。至晋统一。

失蜀土汉宗绝祀图　清·佚　名

西晋纪

《世纪》：司马氏，西汉司马相如之后。至司马懿仕魏文为都尉。懿生司马昭，事魏为司马将军，得大功封晋王。昭生司马炎。袭父爵，灭魏称帝，建都于洛阳。

● 司马炎执柄，国号为西晋。
曾事魏为臣，三国遭吞并。
王裒为父仇，不受晋征聘。

司马炎，河内人也。屡世仕魏。父名昭，有功封晋王，怀篡位之志，不果而卒。炎袭父爵，加九锡，执国柄，行天子事。逼魏元帝禅位，称为西晋世祖武皇帝。追封父昭为文皇帝，祖父懿为宣皇帝。大封宗室。封魏帝为陈留王。太康元年，遣杜预、王濬举兵伐吴，灭之。王裒字伟元，父名仪，事蜀为司马官。因从大元帅司马昭出征东关，战败而归。昭问于众曰："近日之事，谁任其咎？"仪对曰："责在元帅。"昭怒曰："汝欲委罪于我耶？"遂缚出斩之。裒痛父死于非命，隐居教授，三征七聘皆不就，结庐于父墓所。及司马炎灭魏为帝，裒终身未尝西向而坐，时晋建都于西故也。

祀南郊司马开基图 清·佚名

○ 阮(ruǎn)籍(jí)与(yǔ)刘(liú)伶(líng)，纵(zòng)酒(jiǔ)陶(táo)情(qíng)性(xìng)。

竹(zhú)林(lín)号(hào)七(qī)贤(xián)，放(fàng)诞(dàn)无(wú)拘(jū)禁(jìn)。

毕(bì)卓(zhuó)吏(lì)部(bù)郎(láng)，盗(dào)酒(jiǔ)成(chéng)话(huà)柄(bǐng)。

晋山涛为吏部尚书，与中郎官嵇康、阮籍、阮咸、向秀、王戎、刘伶七人为友，号竹林七贤。每逢暑时，大设酒食于林间，宴饮无度，放逸昏迷，轻蔑礼法，遗落世务，当时士大夫皆效之。阮籍、阮咸，叔侄也，故今人称侄曰贤竹林。○毕卓、谢鲲、何晏等皆为郎官。终日好饮，不理政事，醉则裸露天地，不以为非。邻酒家酿酒在瓮，卓知之，夜入其家盗饮。至醉忘归，被邻人缚之送官，不知为吏部郎也。乐广闻而笑之曰："名教中自有乐地，何必乃尔。"

杨柳青木版年画·竹林七贤图

王衍多清谈，王戎多鄙吝。王祥昔卧冰，得鱼瘥母病。

王衍、乐广等皆居九卿之位。好诙谐，清谈世务，潇洒尘寰，优游宴逸，不以仕宦经心。衍因领兵出征，为石勒所执。衍自言曰："吾素无宦情，不预世事。"勒欲释之。众曰："彼皆晋之王公，终不为吾用。"勒曰："此人不可加以锋刃。"夜使人推墙杀之。○王戎官为司徒，与世浮沉，无所匡救。家极富，田园遍天下，以牙签出入会数。家有好李，有人觅之，必钻其核与之，惟恐他人得其种也。专事诈吝，分毫不轻出手。○王祥生母早死，继母朱氏不慈，祥遭妒忌楚挞，祥愈恭敬。母病思食鱼，时大寒，冰冻无鱼，祥解衣卧冰上，冰忽自开，双鲤跃出，持归奉母，母病即愈。又有丹柰结实将熟，命守之，无使零落。遇风雨，祥辄抱树号泣。又使将绢布入贼穴卖之，欲贼害其命。后母弟王览赶代祥诉其故，二人号泣争死。贼知其孝友，以金赠之归。郡守知之，以孝廉举于朝，兄弟皆为郎官。○晋武帝在位二十五年崩，改元者四，曰泰始、咸宁、太康、太熙。太子立，称为孝惠皇帝。

王祥剖冰求鲤图　清·王素

位传孝惠帝，痴愚何太甚。
上苑问蛙鸣，彼鸣为何政？
卫瓘尝有言，武帝疑不信。

惠帝自幼昏愚不敏，为太子时，近臣卫瓘常以为忧。一日，侍武帝侧，佯推酒醉，跪于帝前，以手抚御座曰："此座可惜。"武帝悟，密以疑难政事令太子决之，试其可否。时太子之妃贾氏聪明识事，知其故，密召外臣具草，令太子自写以进，武帝见之喜。至是即位。朝野政事悉归大臣并其妃贾氏所决，帝茫然无所知。尝游上苑中，闻蛙鸣。问曰："彼鸣者为公乎，为私乎？"左右戏之曰："在公田者为公事，在私田者为私事。"时天下大饥，有司奏请发仓廪以赈贷。帝曰："胡不食肉糜？"近幸戏答曰："民所爱者藜藿也，所恶者肉糜也。"帝不悟，唯唯而已。糜，粥也，以肉和之，贵者之食。藜藿，粗粝，贫者之食。帝曰"胡不食肉糜"，此非昏愚之甚而何。

呆皇帝暴毙宫中图　清·佚　名

奸雄见主昏，逞势相吞并。
李雄王成都，刘渊称汉帝。
赵王伦争权，中外皆争竞。

　　天下英雄见惠帝昏庸，政由皇后贾氏所出，各乘机起兵为乱。李雄乃外国流民，逃入中国，聚众为乱。晋兵讨之不克，遂据成都僭称王。○刘渊，匈奴种。其先祖因战败，降于汉，冒汉姓，世称臣于中国。至刘渊事晋为都尉，有功封为左贤王。见帝昏，引故匈奴遗类，同入中国为乱，僭称汉帝于平阳。○赵王伦乃司马昭之侄。惠帝时为征西大将军，有功。召伦为相，僭九锡行天子事，逼晋帝禅位。诸王不服，起兵讨伦，伦伏诛。各僭号称王，由是天下大乱。○惠帝在位十七年，遇害时，中外无主，群臣迎立太弟，是为孝怀皇帝。名炽，武帝之子。武帝二十五子，各相杀害，止存三人而已。唯炽纯笃好学，故立为帝。

刘渊拥众称汉王图　清·佚　名

五字鉴

○ 石崇富莫言，身刑财亦尽。
石勒攻洛阳，晋帝绝天命。
传代凡四君，五十年光景。

孙秀以石崇不与绿珠，构成崇罪。时赵王伦称帝，亦知其富，遂执崇弃市，家财抄没。有珊瑚树七根，其余宝物不可胜计。○石勒乃辽州夷房人也。逃入中国，有智略勇力。从汉刘渊起兵，封大将军，领兵攻晋，陷洛阳，执怀帝并臣僚后妃皆归平阳，已而杀之。晋国故臣麹允、索綝等闻怀帝被害，奉武帝之孙秦王邺，迎入长安即帝位，称为孝愍皇帝。是时诸王并起，晋室愈衰。不数年汉刘曜引兵复攻长安，连陷诸郡，愍帝被执归平阳，见汉帝刘聪，聪即刘渊之子。聪宴群臣，使愍帝着青衣洗盏行酒，出则使之执盖，随行侍奉左右。不久被害，西晋乃绝。史载西晋自武帝司马炎在位二十五年崩，惠帝在位十七年被害，怀帝在位六年被害，愍帝在位四年被害，共传四世，五十二年而国亡。后有宗室子睿立，称为东晋孝元皇帝。

坠名楼名姝殉难图　清·佚　名

东晋纪

西晋立都洛阳。东晋立都建业。

● 中宗元帝兴,改国为东晋。
豪士集新亭,举目山河迥。
周顗独伤情,王导偏得兴。

中宗元皇帝名睿,司马懿之曾孙。与晋惠帝同祖兄弟也。初封为琅琊王。怀帝时出为安东将军,都督扬州诸军事。得王导为谋主,又得庾亮、卞壸等辅之。见怀帝、愍帝皆被刘聪、石勒所灭,举兵伐勒。纪瞻等劝睿即帝位于建业,以慰民望。是时刘聪称汉帝于平阳,据长安、洛阳等处州县。石勒称赵王于襄阳。天下郡主各皆僭号。〇元帝初起兵,与群臣豪士集于金陵新亭之上,周顗坐中,见风景不殊,举目有河山之异,相视泪下。王导厉声曰:"君等当戮力王室,恢复中原,何必作楚囚泣耶!"于是皆思尽忠,以复晋业。

佐琅琊王导集名流图 清·佚名

● 祖逖与刘琨，功名两相并。
着鞭与枕戈，争把中原定。

祖逖、刘琨俱为晋臣。见石勒陷洛阳，同起兵救晋。尝同寝，中夜闻鸡鸣，逖唤琨起曰："此非恶声也。"由是渡江。逖击楫曰："祖逖不能清复中原而复济者，有如此江。"时琨与逖齐名，皆为刺史。琨尝谓人曰："吾恐祖生先吾着鞭。"琨常枕戈以待旦，坐卧之间，不暇安席，欲争先以匡晋室而复中原也。

晋祖逖威震河南图 清·佚名

王敦为晋臣,帝亲授金印。
出命征荆襄,谋反据诸郡。
帝命王导征,敦死诸凶趑。

王导、王敦,同祖兄弟也。同匡晋室,晋帝推心委任,帝亲捧印绶付之。敦专主征伐,导专主权政,二人同心翼戴。敦因受命出镇荆襄等州诸军事,王氏弟侄罗列于朝。时人语曰:"王与马共天下。"敦乘势谋反,诏收导下狱。导明旦率家属百余口赴御史待罪。遇大司徒周颛入内,导唤之曰:"伯仁,我以百口累卿。"颛字伯仁,恐旁人见疑,不顾而入。及见帝,极言王导尽忠无罪,帝纳其言。颛醉酒而出,导又呼之,颛不应,谓左右曰:"今年杀贼奴,取金印如斗大。"既出,表奏王导忠诚无异,帝赦之。导不知其情而恨之。帝召王导入见,导叩首曰:"乱臣贼子,何代无之,不意今者竟出臣族。"帝下殿执导手曰:"茂弘,方寄卿以百里之命。"导字茂弘,以导为大都督,领兵讨敦,命颛同往。颛被敦诛,导视不救。导因检中书故事,见颛表章,执之流涕曰:"我虽不杀伯仁,伯仁由我而死,幽冥之中,负此良友矣,何以见之!"导既出兵同讨敦,敦知时势不利,愤怒成疾而卒,敦之党亦平。又有奏诛王氏兄弟。帝下诏曰:"大司徒以大义灭亲。"宥之,悉无所问。○史载王导事晋三主,尽忠帝室。元帝在位六年崩。太子立,是为肃宗皇帝。

王处仲抗表叛江南图　清·佚　名

位传肃宗立，智慧明如镜。
有志正中原，而卒不可正。

肃宗名绍。为太子时，年仅六岁，侍父元帝之侧，有使者从长安来，帝问曰："长安近，日近？"对曰："长安近。但闻人从长安来，未闻人从日边来。"元帝奇之。他日帝与群臣语及之。复召问曰："长安近，日近？"对曰："日近。"帝愕然变色曰："何异昔日之言乎？"对曰："举头见日，不见长安。"帝尤奇之。及长，喜文辞，受规谏，爱贤礼士，仁慈恕物，有志清正中原。奈列国离乱，不可复正。

汉元帝材艺图 元·王恽

陶侃少孤贫，事母全孝敬。
母剪发延宾，范逵为举进。
都督过八州，功被于四境。

陶侃，鄱阳人也。早丧父，家贫，事母至孝。朝廷遣范逵等举孝廉。逵闻侃名，过其家，贫无以为馔，侃母剪发卖，为酒食待逵。逵荐侃为荆州刺史刘弘部下吏。侃从弘征伐，屡得大功，授指挥，迁为江夏太守，加授荆襄刺史，位至都督，总八州诸军事。尝在广州无事，每日朝运百甓于斋外，暮运百甓于斋内。人问其故。答曰："大禹圣人，常惜寸阴，我等当惜分阴。吾方致力中原，故习其劳苦耳。"见诸参佐僚属围棋双陆，悉取之投于江。戒曰："此牧猪奴戏耳。有何益于事。"众莫敢违。少时梦生八翼飞上天门，至八重门，折翼而下，即八州之兆也。○肃宗在位三年崩。太子立，称为宪宗成皇帝。

温峤推诚迎陶侃图　清·佚　名

五字鉴

● 显宗成皇帝，苏峻诳君令。
卞壶督兵征，父子皆丧命。

成帝名衍，母庾亮之妹，年五岁即位。卞壶为尚书令，王导为司徒，庾亮为大司马辅政，苏峻为内史官，出守临淮，因王敦犯阙，峻入朝救乱，护驾有功，威名日著，复出镇历阳，授都督诸军事。轻主年少，集兵作乱。卞壶督兵讨峻，被峻所杀。二子奔救父，亦被杀。其母抚柩不哭，吊者垂泪。母曰："父为忠臣，子为孝子，有何恨乎！"峻乘势举兵犯阙，庾亮等奉帝出奔。大都督陶侃、骠骑郎温峤同起兵入内讨峻，缚而斩之，灭其族，其党皆伏诛。成帝在位十七年崩，改元者二，有勤俭爱民之德。无子，太弟立，称为康皇帝。在位二年崩。太子立，称为孝宗穆皇帝。

入内廷苏峻纵凶图　清·佚名

● **孝宗穆皇帝**，即位年三岁。
王昱辅朝纲，列国皆争竞。
石虎称天王，勒种遭杀尽。

穆帝名聃，三岁即位。会稽王昱为大司马，以桓温都督荆梁等处诸军事。是时各国分争，天下大乱。〇石虎乃石勒所养之义子也。勒事汉帝刘曜，为大将军，于是杀曜，夺其位，自称赵王，寻称帝。尝大宴群臣，勒问曰："朕可比古先何主？"或对曰："过于汉高祖。"勒笑曰："人岂不自知，卿言太过。若遇高帝，当北面事之，与彭、韩比肩耳。若遇光武，当并驱中原，未知鹿死谁手。大丈夫行事当磊磊落落，如日月浩然，终不羡曹孟德、司马仲达，欺人孤儿寡妇，狐媚以取天下也。"石虎事勒，秉大权，僭称赵天王。将石勒全家尽杀，不留遗类。虎称赵帝。其后又被养子石闵杀之，夺其位，改国号曰魏。石虎子孙三十八人，尽灭之。石闵复其姓为冉氏。〇史载石氏子孙称帝者凡六主，合二十一年而已。

并前赵石勒称尊图　清·佚　名

桓温弄晋权，中外皆钦敬。
郗超入幕宾，暗受桓温命。
王猛扪虱谈，不受桓温聘。

温事晋，前后共六主。尝伐北秦，获胜而归，所过州郡，无所扰害，人民争持牛酒以迎，男女夹道而观。曰："不意今日复睹青天。"由是威权日盛，遂萌篡夺之意。尝夜卧抚枕曰："男子生不能流芳百世，亦当遗臭万年，岂终于此乎。"故晋帝惮之。温尝入朝，帝遣大臣谢安、王坦之等迎温于新亭。坦之见温，举身流汗，倒执手版。谢安神色不变，温留坐与语终日。温密令幸臣郗超卧于帐中，听安言事顺逆。风动帐开，安见超，笑曰："郗生可谓入幕之宾矣。"温欲率兵犯阙，恐天意不顺，归镇得病而卒。〇王猛，东海人也，字景略。隐华阴，倜傥有大志，闻桓温伐秦，被褐走谒，扪虱而谈当世之务，旁若无人。温奇之，欲用为相，（按：据《晋书·王猛传》称：桓温"赐猛车马，拜高官督护"。温乃人臣，不可能用为相。）不应而去。其后仕秦主苻坚，居相位。

王猛扪虱谈图 清·马骀

庾亮为司空,临事以明敏。
谢安为司徒,果断而民信。

庾亮历事元帝、明帝、成帝三朝,民无怨语,事无暗行,始终如一,听讼如神,人莫能隐。官至司空,以天年终。○谢安事晋为司徒,赠太傅。宽仁大德,度量过于王导。自少有重名,征辟不起,年逾四十乃仕,有果断之才,中外信任。时秦王苻坚发步兵六十余万,骑兵一十七万侵晋,安以兄之子谢玄为前锋都督,领兵八万拒秦。秦兵临淝水布阵,玄使人谓曰:"移阵少却,待吾兵渡,以决胜负可乎?"秦王许之。晋军渡河,乘势追击,秦兵大败。时谢安以年老在家,与客围棋,忽有捷书来,安得书看毕,置之几上,全无喜色。棋罢,客问其故,安曰:"小儿辈已破贼矣。"须臾客退,安入户喜跃,不觉屐齿为之折。人谓其矫情镇物如此,卒以天年终。

召外臣庾亮激变图　清·佚　名

渊明归去兮，不作彭泽令。
处士王羲之，懒系皇家印。
为道写黄庭，书罢笼鹅赆。

陶潜字渊明。尝为彭泽令时，郡守遣督邮至。督邮即今之驿传也。左右告曰："当束带见之。"潜叹曰："吾岂为五斗米折腰，事乡里小儿耶？"即日解印，作《归去来辞》以见志。家贫嗜酒，闻邻家酿酒初熟，夜敲其户求之。邻人笑曰："酒在糟内。"潜以头上初戴之葛巾漉其糟而饮。性爱菊，九月九日，对菊独坐东篱，时郡守王弘遗白衣人送酒与潜，潜得酒采菊泛之，尽饮而归。家虽贫乏，一毫不索于人，惟力田以终天年。○王羲之字逸少，素性风流潇洒，事晋为右将军。叹曰："吾闻之古语云：'富贵之畏人，不如贫贱之肆志。'"乃辞官投闲，遨游山水。尝寓山阴，闻道士有鹅红毛，爱而求之。道士曰："若为我写《黄庭经》，当笼鹅以谢。"逸少欣然为之写，道士果笼鹅谢之，逸少不辞而去。人即有赍金帛以求者，不可得也。

农人告余以春及图　明·马 轼

● 夏魏赵燕秦，相争四海应。
小国并称王，与晋皆仇衅。

> 魏有东魏、西魏。○夏有西夏、后夏。○赵有前赵、后赵。○燕有东燕、西燕、南燕、北燕。○秦有前秦、西秦、后秦。又有汉国、凉国、代国。以上诸国并称为帝。以下小国称王者，不可尽述。

东晋纪

灭冉魏燕王僭号图　清·佚　名

五字鉴

○ 迨至恭皇帝，传位十一世。
一百零四年，国绝诸王继。
天下国数多，分为南北纪。

　　东晋自中宗元皇帝起，在位六年崩。传肃宗明皇帝，在位三年崩。显宗成皇帝在位十七年崩。康皇帝在位二年崩。孝宗穆皇帝三岁即位，在位十七年崩。无子，迎成帝之子琅琊王即位，称为哀皇帝，在位四年崩。传弟帝奕，在位五年崩。简文皇帝元帝之子，在位二年崩。烈祖孝武皇帝十岁即位，在位廿四年，为张贵妃所弑。安皇帝，孝武帝子，在位二十二年，被丞相刘裕弑之。晋祚乃绝。○史载自元帝中兴，至此凡十一世，共一百零四年。西晋自武帝凡四世，共五十二年，前后共十五世，通共一百五十六年。

迫禅位晋祚永终图　清·佚　名

南北朝纪

四海帝王并立，史书分作两朝，故称南北两朝。南朝自晋传之宋，宋传之齐，齐传之梁，梁传之陈，陈传之隋。○北朝诸国，相继传之魏，魏又为东魏、西魏。东魏传北齐、西魏传后周，后周并齐传于隋。隋吞南北为一统。南北二朝，势位相若，今以南为首，而附北于其间。其中统绪迷乱，观者详之。

南朝宋纪

● 天命赋于宋，宋主得民众。
灭燕夺晋权，诸将皆拱奉。

> 宋高祖姓刘名裕，字寄奴，彭城人。父名矫，家贫，裕生而母死，父欲弃之，赖伯叔婶乳养。长有大志，尝出行击大蛇，后过蛇处，见群童合药。裕问群童合药何为，答曰："吾王被刘寄奴所伤，用此药治之。"裕曰："何不杀之？"童曰："寄奴乃王者，不可杀也。"裕叱之，忽不见。裕初参刘牢之军事，出救晋乱，诛桓玄、平孙恩、卢循等有功，迁为太尉，领兵灭南燕并后秦。及归，晋安帝封裕为丞相，号宋公，寻加九锡，称宋王。使人缢死安帝，迎其弟琅琊王立，是为恭皇帝。即位之明年，逼帝禅位而自立，已而杀之，改国号曰宋。裕在位三年崩。

清·佚名 移晋祚宋武帝篡位图

五字鉴

○ 谢灵运不臣，恃才多放纵。
好为山泽游，末后遭诬讼。

> 灵运，谢玄之孙。少有才名，东晋时为永嘉守，因世乱弃官。好游山水，从之者数百人。伐木开径，百姓惊扰。或奏其有异志，临川有司将收之，灵运与众逃。欲兴兵为晋帝报仇，作诗曰："韩亡子房奋，秦帝鲁连耻"云云。后被宋兵捕获，赦处广州为军。复欲兴兵为乱，宋人收之，弃市死。

谢灵运像 清·佚名

○ 北魏兵入疆，山岳皆摇动。
杀掠不可言，所过如空洞。
栖燕悉无巢，耕夫皆失种。

宋文宗皇帝乃宋高祖刘裕第三子也，名义隆，封宜都王。素有令望，因少帝被杀，迎立之，人民安稳，号称小康。南与北朝魏武帝连年互相侵伐不平，宋臣王玄谟劝帝举兵北伐。老臣沈庆之谏曰："耕当问奴，织当问婢，今欲伐国，奈何与白面书生谋乎！"宋帝不听。竟以玄谟为大都督，发兵数十万北侵。魏武帝闻之大怒，与丞相高允大举兵百万径南渡江，鼙鼓之声震动天地，宋兵莫敢当。玄谟畏怯而走。宋人欲杀玄谟，沈庆之曰："魏兵威震天地，弓矢百万，玄谟岂能当乎！若先杀主将，是自弱而长他人之威，非计也。不若率众死御之。"宋兵不能敌，魏兵乘胜大侵南朝，杀掠不可胜计，丁壮碎身，孩童贯于刀而舞，所过州郡皆赤，民舍不留片瓦，尽被火焚。来春燕至，巢于树林之内，田夫尽皆失所，不能耕作。

丧良将胡骑横行图　清·佚　名

南朝宋纪

<ruby>宋<rt>sòng</rt>将<rt>jiàng</rt>莫<rt>mò</rt>当<rt>dāng</rt>锋<rt>fēng</rt></ruby>，<ruby>率<rt>shuài</rt>众<rt>zhòng</rt>而<rt>ér</rt>逃<rt>táo</rt>避<rt>bì</rt></ruby>。
<ruby>宋<rt>sòng</rt>帝<rt>dì</rt>登<rt>dēng</rt>石<rt>shí</rt>城<rt>chéng</rt></ruby>，<ruby>叹<rt>tàn</rt>惜<rt>xī</rt>檀<rt>tán</rt>道<rt>dào</rt>济<rt>jì</rt></ruby>。
<ruby>相<rt>xiāng</rt>传<rt>chuán</rt>凡<rt>fán</rt>八<rt>bā</rt>君<rt>jūn</rt></ruby>，<ruby>国<rt>guó</rt>属<rt>shǔ</rt>齐<rt>qí</rt>萧<rt>xiāo</rt>氏<rt>shì</rt></ruby>。

宋将引败军趋石头城，闭门坚守不出。宋主叹曰："檀道济若在，岂使胡儿在此耶！"盖道济在时立功在前，每征伐未曾失机。尝伐魏，粮将尽，夜使人以沙唱筹量之，故使敌人闻知，不敢相逼。不久救兵果至，遂战胜而归。其后道济被谗下狱死。故文帝思之，泪下沾衣。自是宋室渐衰弱，多被敌侵。文帝在位三十年，国日乱，父子相杀，后为大臣萧道成所灭。○史载南宋高祖刘裕在位三年崩。废皇帝荥阳王，在位二年崩。太祖文皇帝在位三十年崩。世祖武皇帝在位十一年崩。废帝业在位一年崩。太宗明皇帝在位七年崩。后废帝在位四年崩。顺帝准在位二年而禅于齐。宋乃绝。凡八主，共纪六十年。以后传于齐。

篡宋祚废主出宫图　清·佚　名

南朝齐纪

《世纪》：自汉相国萧何之后，越廿四世至道成，事宋为相国。遂篡宋祚，国号齐，建都于建康。

○ 齐王萧道成，深沉有大志。博学能文章，欲慕唐虞世。世乱乏良材，无贤相与治。

齐太祖高皇帝姓萧名道成，父名承之，兰陵人也。志量恢弘，重儒礼士，博览古今。尝曰："尧舜亦人耳。使我治天下十年，当令黄金同土价。"初事宋明帝，为指挥使，领兵讨桂阳王休范有功，封为大司马，专主征伐。肩有赤痣如日月状，人皆言其异志，宋帝疑之，而不能杀。封丞相，为齐公，已而进爵为王。遂弑宋顺帝，灭其族而称帝。清俭爱民，勤课农业，人民足食，厌用兵革。是时南北争雄，天下危乱，帝在位四年崩。太子立，称为世祖武皇帝，名赜，在位十一年崩。高宗明皇帝名鸾，连弑郁林王名昭业及海陵王名昭文。在位五年崩。传后废帝东昏侯立，号为东昏。

齐高祖萧道成 清·佚名

齐高帝 清·佚名

位传东昏侯,荒淫好嬉戏。
溺爱宠潘妃,所欲无不致。
剪金为莲花,使人布于地。
令妃步于上,观之以为喜。

齐帝东昏侯名宝卷。为太子时,常不好学,昏淫嬉戏无度,号为东昏侯。既即位,信任嬖幸,屡诛大臣,国人多叛之。宠爱潘妃,随其所欲,无所不至。剪黄金为莲花,贴于地上,令妃步其上,使足不得沾泥。帝观之曰:"此步步生莲花也。"北朝魏帝见南齐无道,起兵伐之。

潘贵妃入宫专宠图　清·佚　名

● 北魏与争强,交兵无间岁。
帝位难久居,朝立而暮废。
位传七代亡,国属梁武帝。

北朝后魏孝文帝名宏,在位二十九年,仁孝恭俭,制礼作乐,禁胡服、胡语,蔚然有太平之风。齐王淫虐,连岁起兵,邦分民散,在位不及三年被弑。传位和帝,未及一年,为大臣萧衍所弑,夺其位,改国号曰梁。○史载齐自高祖道成至此共七主,凡二十四年而亡。

南朝齐纪

废故主迎立广陵王图　清·佚　名

南朝梁纪

《世纪》：梁与齐同祖，皆汉丞相萧何之后，至萧衍事齐，初为刺史，征伐得功，加相国，号梁公。灭齐改国为梁，立都建业。

梁主登金阶，素性好持斋。
舍身于佛寺，佛法得喧豗。
具膳以蔬素，决狱为悲哀。
停征罢战士，节用惜民财。
江南赖安康，民号小无怀。
后被侯景逼，饿死台城灾。

梁高祖武皇帝姓萧名衍，齐疏族也。母张氏见菖蒲生花，喜而吞之，遂生衍。英明有大志，喜文学，心无残害。父名萧顺之，原为齐臣。衍兄萧懿事齐，为尚书，因事被害。衍事齐为刺史，出镇襄阳，治乱有功，召入为相，封梁公，遂以梁为号。时齐东昏侯被弑，齐臣拥立和帝于姑苏城。时衍领尚书事，结中外政令，密修武备，未一年势倾朝野，齐和帝诏禅位于萧衍。衍即位，称为高祖皇帝。素性好善，持斋念佛，不忍杀牲，每食蔬素，宗庙以面为牺牲，问死刑必为涕泣。诏令边帅不许生事动兵，江南太平无事，风俗淳化，家给人足，民号小无怀。古有无怀氏之民，永无忧虑，故以为号。武帝在位，三次舍身为佛家奴，焚香洒扫，群臣三次以金帛与僧赎回。于是广立佛寺，佛法大行于中国。○《异见录》云："梁武帝前生为牧童，避雨于古刹内，见佛像为淫雨所淋，以己所戴之笠盖佛首。故后世长久帝位。"后被权臣侯景所逼，迁居于台城，饮食为之裁减，口苦索蜜不得，噫气受饿而死，在位四十八年，寿八十六岁而终。

侯景篡帝位，三月玉山颓。
落在中兵手，身尸四散开。
北齐连入寇，天下已殆哉。
相传才四帝，国祚废沉埋。

侯景初为征讨大将军，战败降北魏，不久复归梁。梁封景河南王。其后举兵犯阙，梁主急与和，召景入为丞相。其后梁主竟为景制，饥饿而殂。景奉梁主第三子纲为帝，受景制，不及三年被弑。景篡梁位，称帝三月，被陈霸先、王僧辩讨之。景败走归吴，欲入海，被手下执送建康，传首江陵，截其手足，送东魏、北齐。碎肉分赐群臣。陈霸先奉湘东王为元皇帝。北齐见南朝势衰，连岁入寇。又与东、西两魏为仇，各相侵伐。国危民困，天下殆哉。魏兵寇京城，梁主急焚古今图书十四万卷。叹曰："文武之道，尽今夜矣。"或问何故焚书。帝曰："读书万卷，犹有今日。"乃出降，已而被弑。在位三年殂。○陈霸先立晋安王为敬皇帝。名方智，年十三即位，以霸先为丞相，总朝政。梁主立未三年，禅于陈。已而被弑。○史载梁自武帝至是，凡六主，共五十六年而亡。改国号曰陈。

篡帝祚高洋窃国图　清·佚　名

南朝陈纪

《世纪》：陈自汉太邱长陈实之后，延至霸先事梁征伐得功，封陈公、领尚书事，进爵为陈王。已而篡梁位，立都于建康。

陈主灭侯景，得志登帝庭。
位继兄子立，勤俭抚黎民。
四境颇淳治，邻国交相侵。
后周争比势，连岁困三军。

陈高祖武皇帝，姓陈名霸先。初事梁为参军，征伐有功，迁为司马都护。平侯景之乱，进封相国。策立梁二主有功，已而进爵为陈王。不久篡梁为皇帝，三年而崩。有二子皆因侯景之乱死于长安。兄之子名蒨，因救乱有功，封临川王。至是迎即位，称为世祖文皇帝。出自贫困，知民间疾苦，节用爱人，勤俭国事，江左颇为治平。惟被北齐、后周二国连岁侵扰，陈主忧闷成疾。在位七年崩。太子立，称为废帝。临海郡王名伯宗，被叔父安成王所废。自立，称为高宗宣皇帝，名顼，在位十四年崩。人民颇为治安。太子立，称为后主、长城炀公。

陈霸先盗国称尊图　清·佚名

南朝陈纪

○ 位传陈后主,奢侈而荒淫。
张丽华得宠,宴饮无朝昏。
韩擒虎入禁,投井受灾迍。
传代凡五世,民散国已倾。
南北混至此,一百七十春。
天下归一主,四海无二君。

按《鉴》:陈国至此,天命尽去,故称为后主。长城炀公名叔宝。为太子时,与瞻事官江总为长夜之饮。既即位,愈奢侈无度,迷于酒色,不理国政,大兴土木之工,禁苑广增宫室,以沉檀为梁柱,以金珠为门户。殿宇周数十里,极尽其美。与贵妃张丽华及歌童舞女数百人各乘车马为长夜之宴,周城往来,乐声相接。时隋主杨坚受北朝后周禅,称帝于江北。闻陈主奢侈,遣韩擒虎、杨素、贺若弼领兵南渡伐陈。陈主闻隋兵至,谓近臣曰:"王气尚在此,彼何为哉!"幸臣孔范对曰:"长江如天堑,岂能飞渡过乎!"陈主然之,不为之备。隋兵分为三路,韩擒虎为前锋都督,夜渡采石江,期黎明入禁。陈主与贵妃等游宴未罢,忽闻隋兵骤至,举止无措,国人自乱。陈主与丽华投入后宫井。隋兵窥井将下石,陈主大呼,以绳引上被俘,陈遂绝。于是南北朝并各国皆归于隋矣。○史记:陈后主在位七年国灭。自陈高祖武帝至是凡五世,共三十三年而亡。

张丽华　清·吴友如

隋　纪

《世纪》：自东汉杨震十一世孙杨忠事北朝魏为刺史，魏灭，后事后周为都督，征伐有功，封相国，号隋公。杨坚时为大司马，袭父爵秉政，遂灭周，即帝位。九年，以兵灭江南为郡。由是南北皆归于隋，立都长安。

● 杨坚登帝基，改国号为隋。
先夺北朝位，次绝南帝嗣。
南北为一统，诸国罢兵师。

隋高祖文皇帝姓杨名坚，弘农人也。父名忠，初生有紫气充庭宅，旁有尼宅，尼抱养之。一日尼外出，付其母自抱，须臾，角出鳞起。坚母大惊，弃之于地。尼心动急归，抱之曰："惊我儿也。"鳞角即敛。及长，相貌非凡，志量弘远，恭俭礼让。父死，袭爵为相国。坚有女为周主后，有宠。中外政令，悉委坚任之，遂移周祚。坚即帝位，越九年举兵南渡灭陈，天下一统。○龙门才士王通精通《五经》。避乱隐居山林，闻文帝仁孝恭俭，爱民礼士，赴阙献《太平十二策》。帝奇之而不能用。退归设教于河、汾之间，四方从者千余人，至墙舍不能容。不索俸钱，抱道终身。

驾龙舟炀帝赴江都图　清·佚名

● 俭约治天下，风俗皆化之。
劝课农桑业，民间粟有余。
严勤于政事，朝野赖无为。
因私被子弑，邦国悉分离。

坚以晚年得天下，故知民间疾苦，凡用度俱从俭约，劝课农桑，严勤政事，轻徭薄赋，惜罪宽刑，朝无幸位，国无游民。不十年天下太平，家给人足。〇帝有二子，长曰勇，封太子，宽厚忠直，无矫饰。次子曰广，封晋王，善柔矫饰媚上。皆正宫所生。广常谄事独孤皇后，甚得其意。后言于帝，废太子勇为庶人，劝立广为太子。其后常有小疾，太子广修书问仆射官杨素，帝身后事何如？素回书与广，宫人误送与帝。帝见书大怒。帝有爱妃陈夫人出更衣，遇太子逼奸，拒之得免。入见帝，神色有异，帝问其故。妃泣曰："太子无礼。"帝抚床骂曰："畜牲何足以付大事，此独孤误我。"疾愈甚，将诏旧太子勇嗣位。广知之，使东宫官张衡入侍帝疾，谋弑之，遣人缢死兄勇，而烝陈夫人。帝在位廿四年崩。爱养百姓，初即位，户口不满足四百万，末年逾八百万，天下太平。次子广立，称为炀帝。

巡塞北厚抚启民汗图　清·佚　名

隋纪

子号隋炀帝，即位何其愚。
政事弃不理，酒色行相随。
经营极奢侈，费用如崩夷。
剪彩悬林苑，运舟通康衢。
流连而忘反，荒亡竟不归。

炀帝名广，文帝次子也。初封晋王，谄事正宫独孤皇后，立为太子，是日地震。既即位，荒淫奢侈。群臣奏事，诏付嬖幸之臣。大兴土木之工，初营洛阳宫阙，次营长安西苑。开通御沟，自长安至江都八百余里，沿堤种柳以障夏日。又开永济渠，引沁水南达于河，北通涿郡。筑苑囿，墙周二百里，中掘池十余里为海。积土周十余里，为蓬莱、方丈、瀛洲等山，高数百尺，取江南岭北奇花怪石、嘉木异草、珍禽瑞兽等物，以实苑囿。草木零落则剪彩为花，悬于树间，旧则更新，以为四时之乐。谓左右曰："我能夺青皇造化矣。"自长安至江都，置离宫四十余里，间户俨若朝廷，遣人往江南造龙舟，以备游赏。日夜与宫女、幸臣、歌童、舞女数千人，或操舟，或乘马，为长夜之游。作《清夜游曲》，于马上奏之。征天下散乐百戏以随。或于洛阳，或往长安，或游西苑，或玩江都。弥年竟岁，永无休息。嗟呼！孟子有言："先王无流连之乐，荒亡之行。"今炀帝如此，欲不亡国得乎！

隋堤种柳快意南游图　清·佚　名

● 兴兵好侵侮，招祸惹灾虞。
卒岁无休息，民困国空虚。
贼盗如蜂起，帝业一朝隳。

隳音挥。征高丽国王不至，帝怒，大发兵往征。召天下军兵会之，集涿郡，诏河南、淮南、江南造戎车五万乘，以载衣甲。诏河南、河北等郡民夫供给军需。又诏江南、淮南民夫以船载运粮草。千里往来，常数十万人，昼夜不绝，死者填路。所征四方军兵，并供运器械粮草，民夫匠役官吏杂使会于涿郡，约计三百余万人，首尾相连千余里。帝至辽东，攻高丽国不克，诸军大败，死者三之二，帝掩面而还。又起兵征四方不服应诏之国。由是天下骚动，百姓穷困，各处军民皆相聚为盗，有司莫能救。

征高丽劳兵动众图　清·佚　名

隋纪

鄱阳士弘起，兵将数万骑。
僭号称楚帝，立位在江西。
李密幼学好，牛角挂汉书。
至是兵亦起，据洛称魏都。
梁萧铣称帝，立都江陵居。

士弘姓林，饶州人也。幼有大志。因朝廷重敛，又征壮夫赴京救乱，岁饥民困，不胜其苦。士弘与众议曰："当今无道，我辈受灾，顺命从军固死，不从军亦死。不若拒命乘便，或得苟延岁月，死何憾乎！"时有司以士弘为领兵总旗，遂率壮夫为乱，集兵于康山。旬月间得兵数万人，据江西诸郡。逾年僭称楚帝。凡七年，灭于唐。○蒲山公李密，幼有志略，好学。父命牧牛，以《汉书》挂角读之。及长，轻财好义，交结英雄。初与杨玄感为友，起兵作乱。有司捕之，玄感败死，李密逃。后复起兵，民谣曰："桃李子，皇后死。扬州转，花园里。勿浪语，谁道许。"扬州者，杨氏也。皇后者，君也。谁道许者，密也。言杨氏将灭，李氏将兴。时人误以为杨玄感与李密。其谶实为隋炀帝与唐祖也。○其后李密起兵于洛，据河南等郡，僭称魏帝。翟让起兵称王，攻荥阳诸郡。○杜伏威起兵称王，据历阳等郡。○窦建德起兵僭称王。○马邑校尉刘武周等各起兵称王，据朔、汾等郡。○梁师都起兵称帝，据弘化、延安等郡。金城校尉薛举等起兵陇西，僭称西秦伯王。○武威司马李轨起兵河西，僭称凉王。○突厥并单于匈奴朔方诸郡属皆起兵入寇。及各处小盗，不可胜计。

迫起兵李氏入关中图 清·佚名

● 帝日淫虐甚,出被乱兵诛。
国败民离散,隋乃绝皇图。
传位未三世,三十七年祛。

祛音区。炀帝自即位以来,酒卮不脱口,女色不离身。游戏诸郡,兴兵构怨,卒无虚岁,天下大乱。唐公李渊初事隋为太原府留守,炀帝见天下盗起,以渊为宣抚都尉,出镇河东、山西等处,讨贼有功,召入为丞相,总中外政事。时炀帝出游江都,见中原大乱,无心归朝。诸将士见帝淫虐日甚,以许公宇文化及为主,夜引兵入宫,杀帝于江都,宗室无少长皆死。朝廷无主,丞相渊迎立代王名侑即位,称为恭皇帝,文帝之孙也。年十三禅位与唐公李渊,隋祚乃绝。○史载隋高祖文皇帝统一后在位十年崩。炀皇帝在位十三年被弑。恭皇帝在位二年,禅于唐。

鸩少主杨氏凶终图　清·佚　名

伏羲女娲图 唐·佚名

卷下

沉香亭图　清·袁江

唐 纪

《世纪》：自汉太傅李固之后，至东晋时，有李暠者事晋得功，僭号武昭王，据酒泉郡自称为西凉国。后四世势衰，事于北朝西魏帝有功，封为陇西公，名曰李虎。虎生昞，更事北朝后周帝，封为唐公。周灭，复事于隋。昞生渊，渊袭父爵，征伐得功，封丞相，已而进爵封唐王。遂受隋禅，立都于长安，遂以唐为号。

● 唐高祖即位，策马收隋疆。
曾因讨突厥，恐祸来相伤。
其子劝父意，乘乱效翦商。
一鼓而西往，豪杰悉来降。
由斯成大业，尊父为帝王。

唐高祖姓李名渊，陇西人也。父名昞，封唐公。渊袭父爵，事炀帝为太原留守。因征伐有功，封唐王。时突厥寇边，诏渊征之不利。渊次子世民与隋臣裴寂、刘文静为友，私语曰："方今天下大乱，民受其殃，若有真主行武王之政，取天下如反掌。"世民然之。谓父曰："征突厥不利，恐祸相及，莫若顺民心，兴义兵，转祸为福可乎？"渊大惊曰："汝安得出此言也，吾今执汝告县官。"世民从容对曰："我观天时人事如此，故敢发言，若执告不敢辞死。"渊曰："吾岂忍告汝哉，慎勿出口。"次日，世民复谓父曰："人皆传言李氏当应图谶，大人劳身灭贼，功高不赏。昨日之言，可以救祸，此万全策也。"渊曰："吾一夕思汝言，亦大有理。今日破家亡身由汝，化家为国亦由汝。"于是与裴寂、刘文静等募义兵，四方之民闻风而应者数十万。鼓噪西入关，诸郡悉降。尊渊为大丞相，加九锡。以世民为总兵大司马。时炀帝出居江南，渊摄行天子事，进表遥尊炀帝为上皇，渊立其孙代王侑为帝。是时炀帝被乱兵杀死于江南，渊命世民出兵收西河等处贼。不逾月，而降者二十余郡，各路小寇，皆望风而解。不数月，众尊渊为帝，受隋禅。遂命出师收天下群雄，后二年，四海为一。与群臣定策，封长子建成为太子，次子世民为秦王，幼子元吉为齐王。有议者曰："帝业皆由世民创立。"于是建成、元吉乃相谋曰："秦工世民功多名著，威权日盛，异时必以无礼加于兄弟，何以待之。"二人阴募壮士，谋诛世民。谋泄，左右有告其事者，世民不信。将士劝世民行周公诛管、蔡事，世民乃悟。次日黎明见帝，奏建成、元吉图谋不轨，左右臣伏兵于玄武门，俟建成、元吉入朝，射杀之。帝不能申其罪，乃立世民为太子。后二年，渊退居后宫，自称太上皇。在位九年，于是世民即位。

禅帝位唐祚开基图　清·佚　名

● 父老太宗继，天下为一宇。
发狱出死囚，开宫放怨女。
饥人卖子孙，分金赐其赎。
亡卒有遗骸，散帛收归土。

唐纪

　　唐太宗名世民。幼时有相者曰："此人有济世之才，安民之略。"故取为名。自幼聪明英达，有大志。年十八起义兵，劝父伐隋，取天下，太宗之力居多。及太子建成诛，传位太宗，时年二十九。首放宫女三千。因应死者三百九十人，帝怜而纵之归，期来秋九月十五日悉来就狱，囚及期皆至，并无一人逃者，帝见囚守信，悉赦之。天下皆服其慈仁。诏告天下穷民，有卖子女者，赐金以赎。有兵卒死于战场，尸骸无人收者，散帛募民夫收而葬之。古诗有云："怨女三千放出宫，死囚四百来归狱。亡卒遗骸散帛收，饥人卖子分金赎。"

偃武修文君臣论治图　清·佚　名

五字鉴

● 烧药赐功臣，杀身思报补。
吮疮抚战士，衔恩铭肺腑。
竭力劳万民，民各得其所。
委政问大夫，商议共裁处。

李勣事帝取天下，屡有大功，官为左仆射。因疾久不愈，帝亲往视之，剪须烧灰和药，与勣饮之，病即愈。勣泣曰："杀身不能以报。"〇有战士名思摩者，被敌人流矢所伤，成疮疾，医治不愈。帝亲视之，以口吮疮上之血，其疮即愈。思摩大呼曰："效死不能报陛下，愿陛下世世为天子。"〇翰林院吕士毅曰："太宗之于民，尽心爱物，剪须吮血，自古人君殆未有也。委政不以自贵，商议不以自尊，故得天下之速，捷于影响，是以难也。"

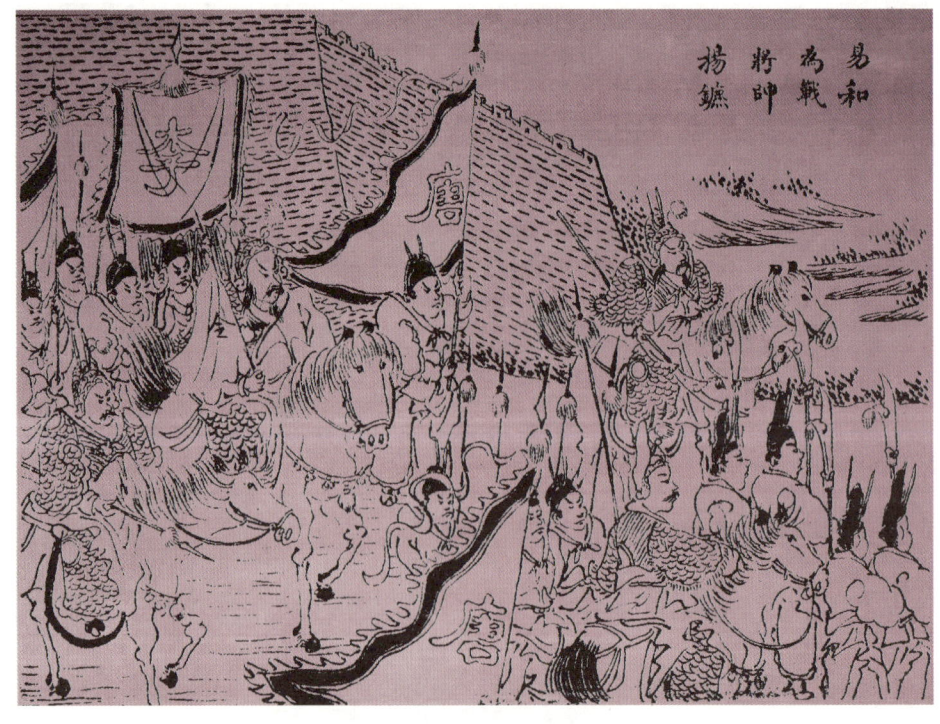

易和为战将帅扬镳图　清·佚　名

踏雪破匈奴，栉风灭夷虏。
雪耻酬百王，除凶报千古。
胡越共一家，习文不习武。

太宗自起义兵以来，履霜踏雪，栉风沐雨未遑寝处，以定天下，收复四方。蛮夷之国皆来入贡，各遣子弟入侍中国。帝自为诗曰："雪耻酬百王，除凶报千古。"帝奉太上皇命北伐匈奴，颉利可汗舞勺，南蛮酋长之子冯智戴者咏诗。上欢甚，笑曰："胡越一家，古未有也，今我得之。"

盟胡虏便桥申约图　清·佚　名

唐纪

五字鉴

开馆召贤儒,讲论文章祖。
学士十八人,同把朝纲辅。
作乐宴群臣,尝为七德舞。

帝自即位以来,有志于学,开馆以延天下才人。选杜如晦、李守素、房玄龄、虞世南、褚亮、姚思廉、李玄道、蔡允恭、薛元敬、颜相时、苏勖、于志宁、苏世长、薛收、陆德明、孔颖达、盖文达、许敬宗共一十八人为文学馆大学士。分为三班,更日值宿于内,讲论典籍,参议朝政。又开弘文馆,选大臣俊秀子弟居之。又增国子监学舍数千间,大征天下贤士,置五经博士五人教之,给以衣食。学者云集,四夷酋长皆遣子弟入学就讲,于是文教大兴。○贞观七年春,宴群臣于玄武门,奏《七德》之乐。按太宗昔封秦王时,因破刘武周之军作此乐,号《七德舞》,又名《破阵曲》。用乐士一百二十八人被银甲、执戟而舞之,众皆喜。惟魏徵俯首他视,欲帝偃武修文,故不欲观之。

十八学士图 宋·佚名

● 魏徵为丞相，治国如安堵。
定乱不言功，帝独称房杜。
惟献大宝箴，谏臣张蕴古。

魏徵初事太子建成为太傅，屡劝太子杀秦王世民。以杜后患。既而太子被世民所杀，更立世民为太子。及即位，召魏徵责以间离兄弟之祸。魏徵举止自若，直对不屈。王珪亦尝事建成为其谋。至是封珪为谏议大夫，封魏徵为丞相，掌握朝纲，不失尺寸，中外晏然。徵谓帝曰："宁使臣为良臣，莫使臣为忠臣。"帝曰："忠、良异乎？"徵对曰："稷、契、皋陶，君臣协心，同享尊荣，所谓良臣也。龙逄、比干，面折廷诤，身诛国亡，所谓忠臣也。"帝悦。○帝尝谓群臣曰："创业与守成孰难？"房玄龄对曰："草昧之初，群雄并起，角力而后臣之，创业难。"魏徵曰："自古帝王莫不得之于艰难，失之于安逸，守成难。"帝曰："玄龄与我共取天下，故知创业难。魏徵恐骄奢生于富贵，祸乱生于所忽，故知守成难。"及徵死，帝叹曰："以铜为鉴，可正衣冠；以古为鉴，可知兴替！以人为鉴，可明得失。徵殁，朕失一鉴矣。"徵葬，帝自为立铭于石。○房玄龄、杜如晦皆有王佐才，从帝取天下，至老不言其功，始终如一。帝尝称叹，甚敬重之。及死之日，帝悲泣不自胜。每与群臣言及，下泪曰："房、杜乃吾之股肱也。"○张蕴古为谏议之职，献《大宝箴》曰："以一人治天下，不以天下奉一人。"又曰："杜九重于内，所居不过容膝，彼昏不知，瑶其台而琼其室。罗八品于前，所食不过适口，唯狂罔念，丘其糟而池其酒。"又曰："勿没没而暗，勿察察而明。虽冕旒蔽目而视于未形，虽黈纩塞耳而听于无声"云云。帝视之称善。○帝末年，思旧日同取天下功臣，图绘形象于凌烟阁上。以妻舅长孙无忌为首，次以同祖兄弟孝恭，再次杜如晦、魏徵、房玄龄、高士廉、尉迟恭、李靖、萧瑀、段志玄、刘弘基、屈突通、殷开山、柴绍、长孙顺德、张亮、侯君集、张公瑾、程知节、虞世南、刘政会、唐俭、李勣、秦叔宝等二十四人。○太宗在位二十三年崩，寿五十三。改元曰贞观。太子立，称为高宗。

魏徵像·207 清殿藏本　　房玄龄像·清殿藏本　　杜如晦像·清殿藏本

唐纪

○ 传位立高宗，政由李义府。
废正皇后王，宠立昭仪武。
鸩杀太子弘，因为耻其母。
唐祸自此萌，朝纲归女主。

　　唐高宗名治，太宗第九子，长孙无忌劝太宗立为太子，至是即位。长孙无忌、褚遂良同受太宗遗诏辅政。李勣为司空，李义府参知政事。义府容貌温恭，与人外和而内妒，人谓之笑中有刀，柔而害物，号曰："李猫"。○高宗爱武昭仪貌美，欲立为后，而废正宫王氏。问于大臣，时褚遂良言不可；李义府、许敬宗、李勣皆以为可。帝遂立武氏而废王后焉。初，武氏名媚娘，年十四，太宗闻其美，贞观十一年诏入后宫为才人，时名之曰武媚娘。贞观末，太白星昼见。太白者，妖星也。太史占之曰："女主昌。"传秘记：唐三世后，女主武氏代有天下。太宗闻其言而恶之，于是大宴群臣，令各言小名。是时武卫将军李君羡，官称封邑皆有武字，其小名五娘。太宗愕然曰："何物女子，乃子见耶！"遂以他事杀之。太白星仍见前。太宗密问李淳风，对曰："臣仰观天象，俯察历数，其人在陛下宫中，兆已成矣。"帝欲大杀宫人，房玄龄谏之。由是大放宫女于民间。武氏入感业寺为尼。其后太宗崩，高宗即位，因游寺，武氏见帝拜而泣。帝见其美，密令长发召入宫中，封为昭仪。聪智明敏，卑屈以事正皇后王氏。时正皇后与萧淑妃争宠，正皇后欲疏萧氏，言武昭仪贤德，荐于帝，遂得宠，封武氏为正皇后。年三十三。其后王氏、萧氏皆失宠，俱被武后杀身碎骨，浸于酒瓮中，曰："使汝骨长醉也。"帝与武后临朝听政。及帝崩，武后独秉朝政，贬窜唐宗室子孙。高宗初以偏宫之子立为太子，被武后废之，立己子弘为太子，居仁由义，因母不正，弘以微谏，有忤于母，以药酒鸩杀之。立次子贤为太子，又以事废之。复立次子哲为太子，即中宗也。高宗在位三十四年崩。改元者十四，曰永徽、显庆、龙朔、乾封、咸亨、上元等号。政出宫者三十四矣。赖大臣辅之，天下犹未乱耳。太子立，称为中宗。

武则天革命称尊图　清·佚名

唐纪

● 中宗皇帝立,却被武后废。
谪为庐陵王,而复立其弟。
后名武则天,临朝自称制。
淫乱无所规,宠爱僧怀义。
昌宗张易之,出入皇宫里。
内臣不敢言,外人以为耻。

唐中宗名哲,高宗之四子,武后所生也。即位半载,被武后废为庐陵王,而复立其弟名旦,拥虚位七年。又废旦为皇嗣,武后垂帘,亲自临朝,称制号则天。武后性聪明,涉猎书史,决事无不当理。奈身不正而行有亏,有梵僧名怀义者入朝,后见其貌俊而英达,宠用之。后有张易之兄弟,留居宫中用事。易之号五郎,弟昌宗号六郎。外人歌之曰:"人谓六郎似莲花,吾谓莲花似六郎。"

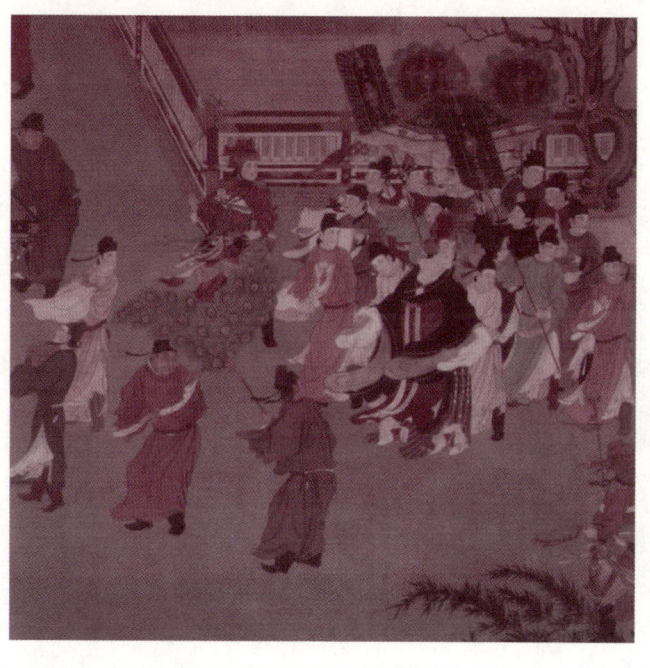

武后步辇图 唐·张萱

李敬业起兵，直入京城地。
越王贞亦起，同救唐宗室。
谋复立中宗，忤触武后肺。
大杀唐子孙，改国号周氏。
若非狄仁杰，唐室绝后裔。

李敬业乃故臣李勣之孙也。为眉州刺史，见武后废中宗而立旦，乃檄骆宾王、魏思温等举兵犯阙。传檄曰："一抔之土未干，六尺之孤安在？"又曰："试看今日之域中，竟是谁家之天下。"孤者，无父之称，二岁半谓之一尺，十五岁谓之六尺。言高宗所葬之地未干，中宗六尺之孤而今安在，欲为中宗复帝位也。高宗有弟名贞，封为越王，见中宗被废，亦举兵匡复宗室，不克而死。于是武后愈怒，大杀唐宗室子孙，改国号曰周。废旦为皇嗣，自称为女皇帝，改名曰曌。立武氏七庙，尊封其父武士彟为太上皇帝，立其侄武三思为太子，欲移唐祚。狄仁杰每从容言于武后曰："太宗栉风沐雨，亲冒锋刃，以定天下，传之子孙。高宗以二子托陛下。今乃移之他族，恐非天意。且姑侄与母子孰亲？陛下若立子传天下，则千秋万岁之后，配享太庙；若立侄，则未闻侄为天子，而立姑于太庙者也。"武后稍悟。既而复问，狄又言之。乃遣人往房州迎庐陵王复为太子，次子旦为相王。武后年老寝疾，丞相张柬之命敬晖、崔玄暐、袁恕己等率羽林军举兵入禁讨乱，斩易之、昌宗，迎太子于东宫，内患悉定。武后八十一崩，称帝二十一年，改唐为周十六年，前后摄政五十余年。改元者十七。后虽淫乱，信任人臣，贤才为之用。太子立，称为中宗。

狄仁杰奉制出狱图 清·佚名

唐纪

中宗复为帝，人道再出世。
宠用帝后韦，专权秉朝政。
与武三思通，对围博陆戏。
人告韦后淫，帝怒而被弑。

中宗赖仁杰苦谏，复居帝位。人皆为帝幸复生人世。谪房州时，常欲自杀，其妃韦氏每劝止之。帝与韦后私誓曰："吾异日若见天日，从汝所欲，吾弗禁。"至是复为皇帝，封韦氏为皇后。每临朝，韦后设帏幔于殿，与帝同决政事。韦后内行不正，私与武三思通，出入宫掖，或围棋，或双陆，帝亲为点筹唱采。复又与寺臣杨均、马秦客等相通用事。有上书告皇后淫乱者。帝面诘之，其人直言无隐。帝意怏怏。后与其党闻之惧，乃谋为饼饵，置毒于中以进。帝在位五年被弑。改元者二，曰神龙，曰景龙。韦后立己子温王为帝，后自临朝摄政。相王旦之子隆基举兵入禁讨乱，杀韦后，并诛其党。群臣迎中宗之弟相王旦即位，称为睿宗。

诛淫竖中宗复位图　清·佚名

睿宗复临朝，重把三纲理。
姚宋总枢机，内清而外治。
帝立又三年，禅位居闲第。

禅者，让也。相王旦号睿宗，武太后幼子也。先是武后废中宗，立旦为帝，虚位七年，废为皇嗣者九年，又封为相王者十年，自是复即位。帝思三纲不振，五常败坏，意欲更张，犹虑力行不逮。得姚崇、宋璟二人为相，协心辅政，革奸弊，进忠良，退不肖，请托不行，赏罚尽公，中外清肃，朝野翕然。睿宗复为帝，二年，传位于子，自称太上皇，退居闲宫，以天年终。改元者三：曰景云、太极、延和。太子隆基立，称为玄宗明皇帝。

应星变睿宗禅位图　清·佚　名

◉ 唐明皇登基，左相姚元之。
宋璟为右相，中外乐雍熙。
韩休九龄继，帝范不逾规。

明皇名隆基，相王旦之第三子也。初封为临淄王，进封平王。因韦氏乱，阴聚才勇之士，密谋复位，斩斗入禁，平韦氏乱有功，遂立隆基为太子，至是即位。任用姚、宋二人为丞相，中外清平，人民安乐。及姚、宋罢职，又得韩休、张九龄相继为相。韩休为人峭直，九龄为人忠耿，无所容隐，帝或宴游，颇有小过，辄谓左右曰："宰相知否？"言未毕，谏疏随至。帝曰："苟有失，宰相便知之。"左右曰："韩、张为相，陛下清瘦殊旧。"帝曰："朕貌瘦而天下肥矣。"是时四海晏然，家给人足。

唐明皇宴京师侍老图　元·王恽

五字鉴

● 明皇后奢欲，宠爱杨贵妃。
贵妃内淫乱，禄山养作儿。
昼夜居宫掖，帝心无所疑。
丑声闻于外，黜职任边夷。
负恩而造反，举寇犯京师。

明皇在位二十年以前，知民间疾苦。二十年后，渐肆奢欲。是时韩休、张九龄皆罢职去，朝无贤臣，祸乱随至。贵妃姓杨字太真，蜀州司户玄琰女也。年十八，为明皇三子寿王妃，已经十年，无嗣。天宝四年，帝万寿，子媳皆拜贺。帝见杨妃貌美，私告以己意，令妃入为女官。为寿王别娶，竟纳杨妃为己妃，得宠，言无不从。○安禄山，西夷人也，名阿荦山。父死，母嫁安氏。其部党破败，禄山逃入中国。有志略，从张守珪行军，得功为副将。讨契丹，禄山恃勇轻进，为贼所败，守珪执禄山送京师。张九龄曰："守珪军令已行，禄山不宜免死。"帝惜其才勇，赦之。九龄力奏曰："禄山有反相，若不杀，必为后患。"帝不听，后九龄罢，李林甫为相。开元二十九年，帝以禄山为营州都督，转升为平卢节度使。禄山机巧，善事帝左右之人，帝或使人至平卢，禄山必厚赂之，归誉于帝。帝益重之。次年，禄山入朝，为御史大夫，赐爵为东平侯，兼河北道采访使司。禄山请为贵妃儿，帝许之。由是出入宫掖，与贵妃通。侍宴左右，或经宿不出。帝为禄山起第宅，极尽华美，又遣杨氏姊妹兄弟伴禄山游。禄山每入宫，先拜贵妃。帝问其故，对曰："胡儿先母而后父也。"禄山入宫，妃以锦绣结大襁褓，使宫人以彩车抬之游戏。帝闻欢笑问故，左右以贵妃洗禄山儿对。帝赐妃洗儿金钱。自后禄山多在宫中不出，丑声扬于外。禄山求出，为河东节度使，阴谋为乱。时杨国忠为右丞相，知禄山作反，言于帝，不信。是岁禄山请献马三千匹，每匹四人事之。帝始疑，使人止其献。禄山踞床而坐，不起为礼。使者还，亦无表章。但曰："马不献尤可，十月当诣亦师。"是冬，禄山果反，纠西胡部落兵十五万，并麾下精兵，凡三十余万，旌旗蔽空，烟尘千里，直抵京师。是时天下太平已久，军民不习兵革，州县之官，皆望风瓦解，莫敢当其锋，遂陷洛阳，帝惧出走。

张果见明皇图　元·任仁发

● 六部军不发,帝惧出城西。
贵妃赐帛死,禄山兵始归。
奸臣李林甫,养祸乱邦畿。

　　禄山先因败军,张九龄力劝杀禄山,帝不听,赦而复宠。恃恩骄傲,与众不睦。及造反,举兵猝然而至,声震天地,六部军帅不发兵御之,徒建出奔之策。帝不得已而奔,次于马嵬驿。群臣奏曰:"祸因杨氏而起,宜以杨氏当之。"是时林甫已死,杨国忠专权,众欲杀国忠兄妹,传首以示禄山。禄山请曰:"但得贵妃可以回兵。"陈玄礼复奏曰:"祸根在陛下宫内。"帝曰:"杨妃久居宫中,何以为患?"诸将士饥疲愤怒。帝不得已,赐帛使人缢死贵妃,以示禄山。六部乃大发兵救乱,是时朝野震惧,帝在蜀期年而复返。○李林甫居相位十九年。心性狡险,谄事帝之左右,故多得好言于帝。恃宠妒贤,排抑胜己者,人谓之口有蜜,腹有剑。夜或独坐私宅偃月堂,有所深思,明日必举大狱,牵引忠良,诬构其罪。自太子以下,其余中外大臣皆畏惧之。禄山独畏林甫知其情,每见林甫,虽隆冬汗流。故林甫在日,禄山可以弹压,及林甫死,遂反,僭称大燕皇帝。

驻马嵬杨贵妃陨命图　清·佚　名

忠臣颜杲卿，许远与张巡。
舍身讨反贼，死节报朝廷。
三十六大将，同死睢阳城。

颜真卿为平原太守，与杲卿兄弟同起兵赴京救乱。杲卿被贼将史思明执送洛阳见禄山。禄山曰："汝何为反？"卿骂曰："我为国讨贼。天子待汝深恩，汝今负恩作反，奈何说我反耶？"禄山欲其降。卿复骂曰："恨不斩汝，肯降贼乎！"禄山笞之。卿曰："臊羯狗，胡不速杀我。"禄山怒剐其肉，比死，骂不绝口。〇许远为睢阳太守，张巡为护军都督。起兵讨贼，行至睢阳，二人固守。待救日久，粮尽，救兵不至，或议弃城避之。巡、远曰："睢阳乃江淮之保障，若弃之，贼必长驱。不若固守，以待救至。"粮尽，兵食茶纸既尽，罗雀掘鼠食之。又尽，巡命杀马食之。又尽，巡杀爱妾婢奴以饷军。皆尽，初守四万余人，及后仅存四百人，俱无叛意。贼兵登城，将士困病不能战，为贼所执。巡、远向西拜曰："臣生无以报陛下，死当作厉鬼以剿贼。"是时名将守义而死者三十六人。南霁云、雷万春等皆奋死于睢阳。

雷海青殉节洛阳图　清·佚　名

唐纪

● 禄山僭称帝，将用史思明。
禄山被子弑，思明被子刑。
父子相杀伐，其党自完尽。

禄山僭称大燕皇帝，以史思明为西胡乡里之人，封为镇国大将军，都督中外诸军事。以尹子奇为行营总兵都元帅，以子安庆绪为左右护驾，征南都总督，其余百僚俱备。禄山自起兵以来，目昏不能视物，僭号一年，欲立爱妾子安庆恩为太子。庆绪知之，瞰父酒醉夏日坦腹昼卧，使人以斧劈其腹而死。复杀庆恩母子，自称为帝。数月，被史思明所杀，夺其位。○史思明初受禄山爵，僭为王，后称帝。有子二人，长曰史朝义，幼曰史朝清。○思明欲以位传幼子朝清，朝义知之，瞰父出游，使人射杀之而自立。矜傲酒醉，旋被手下所缢。由是贼将自散，其党悉平。明皇将欲传位于太子，太子固逊，群臣杜鸿渐等上书，请尊马嵬之命。书五上，乃许。尊明皇为上皇大帝，以天年终。传位太子，称肃宗。

受逆报刺死安禄山图　清·佚　名

肃宗居朝廷，否极泰将升。
郭子仪入相，中外自清平。
李光弼继相，守法犹准绳。
兴衰如转榖，世否遇谗臣。

弼音毕。榖音谷。○肃宗名亨，玄宗嫡子也，为太子二十年，遇禄山之乱，玄宗在马嵬之时，与群臣曰：待事定传位于太子。太子固逊，群臣面请，乃许即位。帝为太子时，与京兆才士李泌为布衣交，及为帝，中外大小事与泌同谋。○郭子仪初为朔方节度使。因禄山之乱，有功，召为相。清正宽大，所见如神，人莫能隐，以身系天下安危二十年，功盖天下，而主不疑；位极人臣，而众不妒。校中书令二十四考，进退矢公，封为汾阳忠武王。家人三千，八子七婿，皆显于朝。年八十五而终。○李光弼初领子仪朔方节度职，威令严明，边寇不敢犯。召为太保转司空，居相位，封临淮王。秉心清正，朝野翕然，兵甲不用。○张皇后初与近臣李辅国表里用事，罢李光弼，以辅国为丞相。辅国心性阴险，窜害忠良，朝野多事。及后与皇后有隙，中外不和。肃宗崩，幽皇后而立太子。肃宗在位七年，改元者四：曰至德、乾元、上元、宝应。李辅国以己意立太子，号代宗皇帝。○史记：大唐起自高祖李渊，在位九年，传位与子世民。太宗在位二十三年。太宗传高宗，在位三十四年。高宗传中宗，在位半年，被母武后废为庐陵王。弟旦拥虚位七年，废为皇嗣。武后则天自称女皇帝，在位二十一年。复立中宗，在位五年。中宗传睿宗旦，复为帝二年，传位于玄宗，在位四十四年。玄宗传肃宗，在位七年。自李渊至此，凡八世，共一百四十五年，传位代宗，号曰下唐。

唐肃宗称尊灵武图　清·佚名

下唐纪

因安禄山、史思明、李辅国之乱,曰下唐。

代宗登朝堂,自此号下唐。
初诛李辅国,众贼悉逃亡。
复窜程元振,祸乱尽消藏。

代宗初名俶,改名豫。初封广平王,因乱出为元帅,以定两京之乱有功,召入立为太子。至是即位,聪明正直,不听私语。李辅国初与帝母张皇后专权用事,久典禁兵,阴谋为乱。后与张皇后有隙,后告太子曰:"辅国作乱,不可不诛。"辅国知而憾之。及肃宗崩,辅国引兵入,杀张皇后。代宗立,案问其事,遂杀辅国,并其党皆诛之。○以雍王适为天下都兵马大元帅,平史朝义诸党之乱。以田承嗣领河北道六州军事。广德元年,吐蕃入寇,陷长安,帝出奔陕州。二年,流宦者程元振。先是元振阴附李辅国,辅国死,元振专权自恣,诸将士有大功者,皆欲害之。及吐蕃入,元振不以实奏,致上出奔,中外切齿。至是远窜而死,朝野清平。

文苑图 五代·周文矩

杨绾为相国，常衮同平章。
绾相三月卒，帝泣而悲伤。
元载被诬陷，抄没其家囊。
胡椒八百斛，他物不可方。

是时吐蕃及回纥兵相连入寇，帝以郭子仪领兵御之，回纥酋长下马罗拜，酌酒罢兵。杨绾素性清俭，常衮素性耿直，皆有令名。同日升官，朝野贺得贤相。其日，郭子仪方宴宾客，即减座中音乐。京兆尹黎干仆从车马甚盛，即日十减其九。○绾为相三月而卒，天下翕然无事。帝悲之曰："天乎？不欲朕致太平，何夺我杨绾之速也。"每言之辄下泪。○常衮独秉政数年，中外泰然。后因欺罔，贬潮州刺史。○元载曾为宰相，多与宦者不睦。其后有仇者告元载图谋不轨，案问赐死。家资极富，抄没入官，籍记其家胡椒八百斛，其他宝物不可称量。代宗在位十七年崩。改元者四，曰宝应、广德、永泰、大历。太子立，称为德宗。

子仪见酋图　清·佚名

下唐纪

● 德宗皇帝立，祐甫摄朝纲。
帝命收时望，逾月满朝堂。
刘晏总民赋，杨炎同平章。
始建两征法，夏税与秋粮。
良臣白居易，名相杜黄裳。
为邦治大节，作事多周祥。

德宗名适，初封为雍王，加授天下兵马都大元帅。征伐有功，立为太子。至是即位，有志求治，而善用人。○崔祐甫为相国同平章事，帝命收当时声名闻望者，一月之间，名士满朝。未二百日，除官八百人。帝私谓祐甫曰："人多谤卿以私意取人。"甫对曰："臣为陛下择士，不敢不慎，非亲非故，何以知其才行而用之。"帝私询之皆实。谓人曰："若此人者，可谓尽其公也。"○刘晏聪明过人，自肃宗、代宗以来，领户部粮科，掌天下租税，计其出入，无不称职。○杨炎乃杨绾之弟，初为司马官，崔祐甫荐之同平章事，后因李希烈等作乱，仓库不支。初，太宗制民赋之法，有田则有租，有身则有庸，有户则有调，以后版籍朽坏，在处赋敛，追促无常，民多逃匿。至是炎与晏建议，计州县田亩，每岁所用及上供给并军需等件，量出以制入，以赋于民，为轻重之则，秋夏两征之粮税自此始。然刘晏久掌利权，兼铸钱、盐铁、转运天下赋税同平章事、等职，众皆嫉之，被诬，贬为忠州刺史，寻缢死。○白居易官至侍郎兼司空。杜黄裳同平章事，兼相国。二人自代宗时入仕，至宪宗时罢。同心协政，内外无闲言，世称贤相。○颜真卿、郭子仪皆死于其时。德宗在位二十五年崩。改元者三，曰建中、兴元、贞元。太子立，是为顺帝。

贬忠州刘晏冤死图　清·佚名

五字鉴

顺宗居帝陛，八月禅位亡。
宪宗迎佛骨，韩愈贬潮阳。
穆宗立四载，守制无损伤。

顺宗名诵。为太子时，与才士王叔文、柳宗元、刘禹锡等盘桓宴逸，定为死交。将即位，得风疾，失音不能言，唯叔文等用事。仅八月，诏禅位，自称太上皇，不久遂崩。改元曰永贞。太子立，称为宪宗皇帝。宪宗名纯，年才二十八，为太子监国。及即位，贬王叔文等，以杜黄裳同平章事，李吉甫为相国，朝野颇安。元和十四年，西番僧进佛骨于京师，霞光照天。帝迎之，入宫留三日，分赐诸寺，王公士大夫莫不瞻仰施舍，唯恐不及。侍郎韩愈切谏，甚言其非，宪宗怒贬为潮州刺史。潮去京师八千里，限二十日至其地。途遇雪，赖其侄湘子送之。愈至潮，为民除鳄鱼之患。未几召还，潮人遮道留公，立庙塑像祀之。○宪宗在位十五年，改元曰元和。太子立，为穆宗皇帝。穆宗在位四年，守先帝旧规，无所损益。改元曰长庆。太子立，称为敬宗。

谏佛骨韩愈遭贬图　清·佚　名

● 敬宗好游宴，流连而荒亡。
文宗信宦者，乱政害贤良。
刘蕡李德裕，献策谏君王。

敬宗名湛。即位，荒于酒色，游戏无度，以嬖幸用事，性多褊急，动辄捶挞，左右皆怨。尝出猎，至夜半醉酒还宫，被宦者刘克明所弑。在位二年，改元宝历。宦者议迎江王即位，称为文宗。名涵，穆宗之子也。为宦者王守澄所立，复改名昂。于是宦者持权，置天子于掌握中，人不敢言其过。○李德裕事敬宗，见宦者横溢，乃作《六箴》以献：其一曰宵衣，二曰正服，三曰罢献，四曰纳诲，五曰辨邪，六曰防微。帝不能用其言，故致弑逆之祸。太和二年，文宗亲策试士，举贤良方正，时刘蕡对策，极言宦者之弊。其略曰："陛下欲杜篡弑之渐，则居正位而近正人，辅相得专任，庶职得以守其官，奈何以嬖幸总大政！臣恐曹节、侯览复生于今日。"又曰："忠臣无腹心之寄，阍寺恃废立之权，先君不得正其终，陛下不得正其始。"又曰："臣非不知言发而祸应，计行而身诛，盖痛社稷之危，而哀生灵之苦。"云云。策上，考试官皆叹服而不敢取。时登第者皆叹曰："刘蕡下第，我辈登科，能无厚颜乎！"

好盘游拒谏饰非图　清·佚　名

文官闲阁笔，宦者总朝纲。
帝与李郑议，密谋诛宦郎。
宰臣王贾等，无辜剑下亡。
裴度知时势，告归绿野堂。

唐自代宗以来，宦者之权日甚，势倾人主，天子拱手而已。太和九年，帝与大臣李训、郑注谋诛宦者，以训、注二人为司马同平章事。选勇士百余人，伏于后宫帐内，时当夏月，训使人奏金吾厅后石榴有甘露，宰相率百官拜贺。宦者仇士良总百官之政，弄权嫉能，尤跋扈不臣。帝命士良引诸宦往视之，欲从中行事，尽执而诛之。岂知厅后风吹帐开，见有执兵刃者，士良惊走，呼奏有变，帝不听。训、注急呼金吏兵上殿杀宦者十余人。时宦者权重势大，训、注知事不济，逃走。宦者命神策金吾吏卒执宰相王涯、贾餗、舒元舆等，诬以谋反，皆腰斩。但训、注之谋，唯舒元舆一人知，其他不知也。及后事露，训、注亦被宦者执而杀之。先是宦者与文官分为南北司，宦者居北司，文官居南司，自是天下政事皆决于北司，南司皆无所事。裴度在宪宗时为相二十余年，历事四帝，或进或退，与世浮沉，故能保全其位，名达四夷。有外国使至，必问裴相公起居安否。度尝居家，置别墅，号绿野堂、子午桥。治蔬菜花果。每归，辄与客觞咏其间。至是见宦者势盛，乞归，以天年终。○文宗在位十三年，改元者二：曰大和、开成。帝性明敏，励精求治，去奢从俭，欲致太平，然被宦者所制。尝问宰相何时太平？牛僧孺对曰："太平无象。"又谓近臣曰："汉末受制于强臣，朕今受制于家奴。"宦者迎太弟，立为武帝。

盅敬宗逆阉肆逆图 清·佚名

武宗皇帝立，贬削仇士良。
宣宗威命重，中外两安康。

文宗无子，以敬宗子成美为太子。时宦者仇士良专国，以太子立不由己，遂废成美而弑之。迎穆宗子炎为帝，为宦者所制，政皆不由己出，故朝廷无权，宦者结为朋党，两相妒忌。帝叹曰："去河北贼易，去朝中朋党难。"李德裕言于帝曰："正人指邪人为邪，邪人亦指正人为邪，在人主辨之而已。"帝遂与宰相谋去宦者，密令人召士良入朝，收其印绶，削其爵位，籍没其家，废为庶人而死。先时士良致仕归，教诸宦者曰："天子宜侈靡以娱之，慎勿使之读书，见前代兴亡，心知忧惧，则吾辈疏斥矣。"武宗六年崩，改元曰会昌。无子，迎皇叔光王立为帝，称为宣帝，名怡，乃宪宗之子，初封光王。幼不慧，兄穆宗嫉之，于是韬晦遁迹，出家为僧。尝与黄蘖禅师出观瀑布泉，蘖为诗云："穿岩越壑不辞劳，到底方知出处高。"宣宗即联之曰："溪间岂能留得住，东归大海作波涛。"时武宗疾重，子幼，宦者定策求宣宗，立为皇太叔，更名忱，使治军国，裁决皆当理。至是即位。帝天性威严明敏，群臣奏事不敢仰观，虽隆冬甚寒，皆汗出沾衣。是时中外肃然，号称小太宗。帝终为宦者所制，常与令狐绹密谋欲尽诛宦者，又恐罪及无辜。绹曰："但有罪勿赦，有缺勿补，则自然消亡。"宦者知之，由是南北司如水火。宣宗在位十三年崩，改元曰大中。长子立，称为懿宗。

信方士药死唐武宗图　清·佚　名

懿宗皇帝立,天下盗猖狂。
沙陀臣讨贼,赐名李国昌。

懿宗名漼,宣宗长子,不得宠,出封郓王。后赖宦者王宗宝立为帝,在位荒淫。时浙东裘甫兵起,攻中原,观察使王式讨平之。又徐州庞勋兵起,进陷诸郡,声振中外,命招讨使康承训领兵,训以沙陀朱邪赤心为前锋,执庞勋斩之,得功,帝赐赤心姓李名国昌,为大同军节度使,主征伐。其后子孙居帝位。○帝在位十四年崩。改元曰咸通。少子普王立,称为僖宗。

入关中黄巢称尊图　清·佚　名

下唐纪

僖宗皇帝立，世乱岁饥荒。
黄巢贼作乱，天下莫敢当。
举兵犯帝阙，帝出奔蜀邦。
能臣李克用，讨贼救晋阳。

僖宗乃懿宗少子。年十三，为宦者所立。自懿宗以来，奢侈日甚，用兵不息，水旱不调，百姓饥荒，无所控诉，在处相聚为盗。曹州人黄巢善骑射，能文章，举进士不第，与濮州王仙芝共贩私盐。有司捕之急，乃聚众为盗。不数月，得数万余人，剽掠州县，民多从之，其锋甚锐，进陷东京，复攻洛阳。帝出奔蜀。巢据长安为都，称大齐皇帝。是时各州郡贼皆蜂起。〇李克用乃国昌之子，父子皆事唐有大功。与诸将谋曰："今乃英雄立功名取富贵之秋，朝廷号令不复行于四方，乘势一举，大事不足为难耳。"克用遂叛唐，攻云州河东等郡，被唐将及蔚、朔二州守合兵败之，克用父子走依鞑靼。朝廷惜其才勇，诏赦其罪，遣发兵讨巢。克用父子协力进取，攻晋阳破之，巢奔汴梁，克用乘势追之。巢麾下见事不济，遂斩巢以降，其党悉平。僖宗在位十五年，改元者五。帝日与宦者相处，及崩，宦者迎立寿王，称为昭宗。

奔成都误宠权阉图　清·佚　名

201

五字鉴

昭宗皇帝立,有志复朝纲。
宦者季述乱,帝出奔凤翔。
朱温讨贼乱,宦者尽遭殃。

昭宗名杰,僖宗之弟,出封寿王。僖宗患病,宦者定策,立寿王为太弟,至是即位。帝性英敏,以僖宗威令不行,朝政日乖,有恢复前人之志。即位之始,中外欣欣,奈权归宦竖,而志竟不遂。时宦者刘季述因立帝有功,专权乱政,且唐臣节度使李茂贞、韩建等谋废立,举兵犯阙,帝奔华州。刘季述乘乱杀唐室诸王十一人。及朱全忠、李克用进兵救驾,奉帝还长安,季述仍总大权,禁帝于少阳院,而立太子裕为天子。是时宰相崔胤命神策兵讨季述,迎帝复位。宦党憾之,谋贬崔胤。胤觉,以书召全忠率兵讨之,宦党韩全诲等劫帝出奔凤翔。全忠救驾,大杀宦者,止存幼弱三千人,以备洒扫,号黄衣。全忠奉帝还京师。先时宦者持权,废立在其掌握,称宦者为国老,宦者视帝如门生,若试官之取科第,可者取之,其不可者去之,至是尽诛。

劫车驾急走大散关图 清·佚 名

● 朱温既得志,挟帝迁洛阳。
唐室将更替,天子如亡羊。

朱温初从黄巢为乱,巢败,温降于唐,赐名全忠。领军国事,主征伐。因平刘季述之乱,尽杀宦者有功,封东平王,已而进封梁王。杀宰相崔胤等,威震天下,欲篡帝位。是时帝都长安,全忠请帝迁都东京。帝不得已,促百官驱徙士民东行,谓侍臣曰:"朕闻有语云:'纥干山头冻杀雀,何不飞去生处乐。'朕今漂泊,不知竟落何所。"语毕,帝泫然,群臣莫不垂泪。不久,为全忠所杀。帝在位十六年。改元者七。幼子立,称为哀皇帝。

徙乘舆朱全忠行弑图　清·佚　名

五字鉴

传代二十四，国绝于哀皇。
前后三百载，一旦归后梁。

> 昭宗有子十人，长名裕，年壮英锐，全忠恶而杀之，并弟九人皆被害，惟哀帝幼小，名柷，全忠立为帝。时为相国，摄行天子事，加九锡，践东阶。哀帝居虚位三年，禅于梁，不久被弑。改国号曰后梁，唐祚遂绝。○史记：下唐代宗在位十七年。德宗在位二十五年。顺宗在位半年。宪宗在位十五年。穆宗在位四年。敬宗在位二年被弑。文宗在位十三年。武宗在位六年。宣宗在位十三年。懿宗在位十四年。僖宗在位十五年。昭宗在位十六年被弑。哀宗在位三年被弑。自代宗至哀帝凡十三主，共一百四十四年。○上唐八主，共一百四十五年。前后二十一世，共二百八十九年。后改梁称为五代。

移国祚昭宣帝亡唐图　清·佚　名

五代梁纪

五代纪：梁、唐、晋、汉、周,称为五代,又号曰五季。
梁纪：初封爵为梁王,故以梁为号。

● 梁兴号五代,国祚不久长。
群雄皆僭号,诸镇并称王。

梁太祖姓朱名温,宋州砀山人也。父名诚,为五经教授。温少年无赖,从黄巢作乱,巢败死,温降于唐,赐名全忠。封宣武节度使,出镇诸州,入平刘季述之乱,尽诛宦者,进爵为梁王。已而为相国,加九锡,行天子事。逼哀帝禅位,遂称大梁皇帝。其兄朱全昱骂曰:"朱三,汝作天子耶?汝从黄巢作乱,天子赦汝罪,用汝为四镇节度使,富贵足矣。何负于汝?而灭唐三百年社稷乎!"先是全忠与唐将李克用争权不和,连岁交兵,天下大乱,所在诸镇,各据其地称王。李克用称晋王。杨行密称吴王。李茂贞称岐王。王进称淮南王。王建称蜀王,寻称帝。钱镠称王,据西浙之地。王潮称王,据福建闽地。马殷称湖南楚王。刘隐称王,据两广之地。○梁帝在位六年,改元曰开平、乾化。及得疾,叹曰:"我经管天下三十年,不意太原遗孽尚炽,吾观其志不小,我死后,诸儿恐非彼敌,吾死无葬所矣。"○梁王被其子弑,第三子争位而立,是为均王。

登大宝朱梁篡位图 清·佚名

均王践帝位，将用王彦章。
传位才一世，委国付后唐。

梁太祖有亲子三人，皆不得为太子，因爱假子朱友文之妻，欲立之。及疾笃，传制立友文为嗣。长子友珪恶之，遂弑父而自立，并杀友文。是时太祖第三子名友贞，封均王，出镇梁州。闻兄弑父而自立，乃举兵为父报仇，杀其兄，自称帝于汴梁。以王彦章总兵马大元帅，彦章有勇力，人号铁枪将军。与晋王李克用之子存勖争锋，数年不失一阵。彦章死，晋王大喜，以嗣源为前锋，引兵攻梁，兵入境，均王不为拒，虑己诸兄弟乘危谋乱，尽杀之。遂令武士皇甫麟杀己，焚宫室。麟不听，梁王曰："李氏与我世仇矣，吾宁自死，不使彼刃加于吾身。吾不能自杀，劳卿断吾首也。"麟泣曰："臣不敢奉命。"梁王曰："卿欲卖我与李氏耶？"麟欲自杀。梁王执之曰："与卿同死可乎？"麟号泣而起，拔剑而斩之，遂焚宫室车驾器玩，麟乃自杀。史记：均王生虽不能正其身，死亦不忍落他人手；皇甫麟先尽其礼，而后自杀，俱可以为难矣。〇均王在位十年亡，改元者三。二主共一十六年。

王彦章丧师失律图　清·佚　名

五代唐纪

《世纪》：本姓朱邪氏，其祖号赤心者，立功于唐懿宗之时，赐姓李，赐名国昌。昌生克用，称为晋王。克用生存勖，是为庄宗。以其所赐之姓，不忘旧制，复号为后唐。

唐主庄宗立，岁岁刀兵竞。
忠臣郭崇韬，受害于继岌。
帝性爱风流，好与优人戏。
在位仅三年，却被叛臣弑。

唐庄宗，沙陀人也。其先祖朱邪氏名赤心者，立功于唐，懿宗赐姓李，名国昌，领河北节度使。昌生克用，袭父职，征伐有功，威势日盛，进爵晋王。克用生存勖，勇略过人。先时梁帝朱温见克用卒，以兵侵晋，围潞州。晋将李嗣昭闭城固守，逾年不得解。梁又筑夹塞围之。存勖与诸将谋曰："朱温所惮者吾先王耳，闻吾新立，必有骄心。若择精兵倍道趋之，出其不意，破之必矣。"遂引兵昼夜趋至三垂冈下，诘旦乘大雾，填堑鼓噪而入，梁兵不防，于是大败，遂解潞围。朱温尝叹曰："生子当如李亚子，吾儿豚犬耳！"○李克用以郭崇韬谋略过人，佐成帝业，竭忠尽力，举为相国。权兼内外，引荐贤良，不徇私意，素与宦者不合。时蜀 寇边，帝遣崇韬与皇子继岌领兵征之。得胜将归，崇韬恐贼复为患，淹留在彼。宦者嫉其能，欲害之，私告皇后曰："郭崇韬恃功在外，将谋反。"皇后以书与子继岌，命杀之，崇韬不能辩，竟死于军中，国人哀其失一贤相。○帝为太子时，威明正大，即位后，嬉戏无度，与优伶百工技士游戏，或自装饰粉墨，自呼为李天下。优人批帝颊曰："理天下唯一人，尚谁呼耶？"帝亦不较。优人出入宫禁，侮弄公卿大夫，帝不为禁。一日出游，为叛臣郭从谦所弑，优人敛乐器覆帝尸而焚之。帝在位三年，改元同光，众军拥立嗣源为帝，号明宗。

明宗皇帝立，持身以清俭。
每夜于宫中，焚香告上帝。
某本系胡人，因乱众所立。
愿天生圣人，救拔生灵命。

> 明宗名嗣源，胡人。因乱入中国，李克用爱其材略，收为义子。及克用卒，庄宗灭梁为帝，嗣源功最多，封中书令兼兵马都总管，出镇诸州军事。因邺都叛卒为乱，受诏征之。时庄宗被弑，朝廷无主，嗣源宽宏爱士，兵卒服其德量，遂拥嗣源为帝，拜呼万岁。嗣源止之弗得，乃引兵归京师，即帝位。帝自幼不知书史，所行政令皆合乎道，节用爱人，内无声色，外无游猎，不任宦者，赏罚公平，兵革罕用，田穀屡丰。每深夜宫中焚香告曰："某本胡人也，因乱，众推为帝，愿天早生圣人，为生民主。"是时宋太祖生于夹马营。明宗在位八年，改元者二。较之五代，若明宗可谓小康矣。永王立，是为闵帝。

李嗣源据国登基图　清·佚　名

闵帝与潞王,自暴而自弃。
叛将夺主权,灭唐为后晋。

闵帝名从厚,明宗第三子,出封永王,至是即位。先时明宗长子从璟已死,次子名从荣封秦王,骄勇慢士,自知时论不得为嗣。见唐主有疾,率牙兵千余人,求入侍疾,阴谋弑帝。至端门下,皇城兵拒之,败归,御史捕而斩之。明宗闻其事,悲骇而卒。诏迎从厚即位,号闵帝。有志为治而不知其要。在位数月,闻潞王反,举兵犯阙,闵帝出奔被弑,群臣迎潞王为帝。○潞王名从珂,本姓王,初从明宗征伐有功,收为义子。受诏出镇凤翔节度使,有功封潞王。闵帝即位,命移镇河东。将士谋曰:"移镇必有不祥。"遂作反,传檄曰:"吾起兵入清帝侧。"闵帝惧而逃。○叛将即石敬瑭也。仕唐为河东节度使,素与唐不合,有篡夺之志。见唐室乱,乃求契丹之兵入寇,唐主以兵拒之,遂弃位闭宫自焚而死。在位二年,改元曰清泰。○史记:自唐庄宗、明宗、闵帝、潞王凡四主,共一十三年。传之于晋。

康怀贞筑垒围潞州图　清·佚　名

五字鉴

五代晋纪

受爵为晋阳王，故以晋为号。

● 晋主平唐乱，将用桑维翰。
割地献契丹，相依为邻岸。

> 晋高祖姓石名敬瑭，明宗之婿，与唐从琦郎舅，皆以勇力称。敬瑭受河东节度使，转封晋王，从珂封潞王，二人素不相合。从珂既为帝，敬瑭夫妇不得已入朝朝贺，留公主半年，公主求归，从珂曰："何不且住，汝要归与石郎谋反耶？"敬瑭闻之惧。唐主命敬瑭移镇郓州，敬瑭不听命，唐主怒，发兵讨之。桑维翰为敬瑭画谋，写表称臣于契丹以求救，立约：事捷，割城谢之。刘知远谏曰："不可，恐成后患，不若厚致金帛以求兵。"敬瑭不听，遂称臣于契丹。契丹大喜，发五万骑与唐会战，唐兵大败。契丹主遂立敬瑭，称帝于晋阳。割成一十六州与契丹，立盟而退，以臣礼事之。敬瑭既为帝，以桑维翰为相国，刘知远为兵马指挥大都督，出镇河东。帝在位七年殂，改元曰天福（乾祐）。兄子齐王立，是为出帝。

契丹主册立晋高祖图　清·佚名

出帝背父盟,却与契丹叛。
契丹兵入疆,晋祚被其篡。
传位二世亡,天下归后汉。

出帝名重贵,高祖兄之子。及即位,以景延广为相国。初,敬瑭事契丹甚谨,敬瑭崩,出帝以丧告,不称臣,契丹怒,延广乃囚契丹之使,已而放归。帝复大言曰:"放汝归告汝主,先帝赖北朝所立,故称臣奉表。今新主乃南朝所立,相与为邻,称孤足矣。而翁若怒,孤有十万横磨剑以待。"桑维翰屡请逊词以谢契丹,延广每止之。于是契丹以兵入寇,渡河而南。晋帝自将,命李守贞为大元帅,分道击之,契丹败走。复又举兵入寇,晋帝又自将兵击之,又大败。契丹愈怒,晋帝胜而骄,不以契丹之兵为意,遂不为备。次年,契丹大举兵入寇,兵入汴梁,晋不能敌,帝被执。纵兵四出剽掠,谓之打草穀,自东西二京、河东等郡数千里,居民财帛一洗而空。又遣兵掠都城市民财物,民不胜其扰,所在盗起。契丹主曰:"我不识中国之民如此难治。"又闻刘知远称帝于晋阳,契丹惧,居汴三月,收兵北还。○晋出帝在位四年,被执。改元曰开运。自高帝至是凡二世,共一十一年而国亡。后传与刘知远,是为后汉。

迁漠北出帝泣穷途图　清·佚　名

五代汉纪

世系出自汴州，沙陇人也。与高祖同姓，故称曰汉。

汉主刘知远，事晋威名煊。
至是登帝畿，契丹遭逐遣。
在位一年卒，甲兵犹未冷。

汉帝姓刘名暠，初名知远，后更名为暠。少孤贫，依李氏，李以女三娘妻之。初事唐明宗为军士，征伐有功，受指挥使。唐既灭，复事晋高祖石敬瑭为侍卫兵马都元帅，威震中外。及扶立敬瑭为帝，加九州安抚。因晋出帝忤契丹引兵入寇，中国人民被害，执晋帝去，知远见朝廷无主，遂据晋阳称帝。先是晋帝诏知远入朝辅政，晋人匿之不报，知远闻之怨望。及契丹入寇，以知远拒之，知远不行。既为帝，乃发兵攻之，契丹北还。〇汉帝马上得天下，未及一载，甲兵未冷而殂。临终顾谓子曰："事不济矣！皇天促吾之速，不得致太平，汝好为之也。"改元曰乾祐，太子立，是为隐皇帝。

镇河东藩王登大位图　清·佚名

● 隐帝秉皇猷，二帝共四秋。
信谗杀宰辅，内乱外生忧。
诸将不平服，灭汉归后周。

> 隐帝名承祐，小字咬脐郎，帝母被嫂禁于磨房，生帝时，与嫂求剪不得，以口断脐带，故名。年十八即帝位，有英略。时大臣杨邠同平章兼相国；郭威为枢密使，主征伐；史弘肇为侍卫都指挥使，典军马；王章兼三司使，掌财赋。朝野清肃。及帝壮，厌为大臣所制，不得自专，听信嬖幸，因邠、弘等尝议事于帝前，帝或有语，邠曰："陛下但禁声，有臣等在。"帝积不平，左右谮之。乾祐三年，无故杀王章、杨邠、弘肇三人。又遣密诏杀郭威，时威出镇邺州，左右劝威面奏，威将引兵入朝。乃遣兵所弑。郭威入朝，白李太后，迎立隐帝之弟武宁侯未至，值契丹入寇，太后遣威引兵拒之，至澶州，诸将士谋曰："当今无主。"遂裂黄旗为袍以加威体，拜呼万岁，拥兵南还，即帝位。隐帝在位三年，乃称乾祐年号。凡二世，共四年而国亡，传于周。

易汉祚新皇传诏图　清·佚　名

五代周纪

世传为周虢叔之后，故以周为号。

周主传三代，国祚又更改。
世界似瓜分，人民如瓦解。
五代相继承，速成还速败。
非关气运衰，帝道难承载。
借问几多年，共计五十载。

周太祖姓郭名威，邢州尧山人也。唐庄宗时，有宫女柴氏放归母家，一日窥门，见有疾走而过者，柴氏大惊，问此为谁。告者曰"此从马军使郭雀儿也。"后改名威。柴氏欲嫁之。父母不许，曰："汝帝左右人也，当嫁节度使，奈何嫁此人！"柴氏专意嫁之。

后周太祖像（郭威）·清人绘

后周世宗像（柴荣）·清人绘

五代周纪

初，汉刘知远为河东节度使，郭威从事为孔目官。时契丹入寇汴梁，威见世乱，劝知远谋大事。及成帝业，封威为都招讨节度使，主征伐。隐帝时，威为枢密使侍中执政，兼都总招讨，出镇邺州。隐帝信谗，遣人杀威，左右不服，为乱，隐帝遂为乱兵所杀。时值契丹入寇，皇太后李氏诏威以兵御之，行至中途，众拥威为帝，拜呼万岁。威既即位，以赵匡胤为殿前都指挥使。威性聪明英略，人莫敢欺，攻城对敌，略无惧容。闲则召儒者读书讲论当世之务，勤于政事，不好游畋音乐。不因喜而赏人，不因怒而刑人，文武参用，朝野平服。在位三年崩，远近莫不哀慕，改元曰广顺。太子世宗立，名荣，姓柴氏，柴太后兄柴守礼之子也。周太祖无嗣，养之为子，幼有志略，立为太子，初封晋王，至是即位。○北汉主刘崇闻周帝殂而喜，求兵于契丹，契丹命杨衮引兵助之，北汉主自领兵进攻。周世宗曰："北汉欺吾父丧，轻吾年少新立，彼必自来，吾当亲征。"左右谏帝勿往。帝不听，自领兵赴敌而败，世宗奋力督战。时赵匡胤为兵马元帅，谓禁卫张永德曰："主上危矣，吾等不可退，吾与汝分为左右队，引精兵三千，进力以战。"北汉兵败走，世宗得胜归，以赵匡胤为殿前都统大元帅，永德为侍卫将军，召败将樊爱能、何徽七十人责之曰："汝等非不能战，正欲以朕为奇货，卖与刘崇耳。奈何以民之膏血，养此无用之物乎！"遂斩之。自后东征西伐，士卒莫不用命，一以当百，所向必捷，故多得地。由是诸敌国莫敢犯。帝性英明，发奸摘伏，聪察如神，有功必赏，有过必罚，将士畏其明，怀其惠，有平服四夷之志，而卒不得遂。在位六年崩，朝野悲号。改元曰显德。子梁王立，是为恭帝。恭帝名宗训，年七岁，太皇太后柴氏命立之，太后垂帘听政。以赵匡胤为归德节度使检点诸军事，以张永德为枢密使，掌侍卫事，以范质为宰相，封鲁公，以王溥同平章事。是时四方兵起，契丹兵又入寇，命匡胤领兵御之。时中外见主少国危，有推戴之议。匡胤领兵至陈桥驿，诸将立匡胤为天子，拥兵回，即天子位。○史记：周自郭威为帝，至是凡三世，共十年而亡。五代梁、唐、晋、汉、周，共五十三年。以后传于宋。

智郭威抵掌谈兵图　清·佚　名

sòng jì
宋 纪

《世纪》：其先涿郡人也，汉宣帝时，京兆尹赵广汉之后受爵于宋地，至是千有余年矣。太祖生于洛阳，都于汴梁。迁于金陵，徙于杭州，殁于闽广。

● 宋祖赵匡胤，万民之纲领。
致力平中原，四海为一并。
饥者得加飡，困者得苏醒。
颠者得扶持，危者得安稳。

宋太祖姓赵名匡胤。父名弘殷，事唐明宗，为洛阳侍卫校尉。时唐明宗于宫中焚香祝天：早生圣人。其年即生匡胤于夹马营中，异香满室，人谓之香孩儿。幼有大志，初从辛文悦学书，文悦尝梦邀天子车驾入学，次日早匡胤来，果应其梦。及长事周世宗，

赵匡胤斩关擒二将图 清·佚名

掌殿前侍卫军政,士卒服其恩威,数出征伐,能建大功。世宗忽于文箧中得一简云:检点作天子。时张永德为检点,世宗乃用匡胤代其职。是时天下大乱,群雄各据其地,契丹兵入寇,以匡胤兼太尉都统,领宿卫兵出御契丹,时恭帝年七岁即位,中外以主少国危,有推戴之议。值匡胤领大军,出次陈桥驿,见日下复有一日,黑光相荡,众军士指曰:此天命也。且先立检点为天子,然后北征。将士待旦披甲直叩寝门,呼曰:"诸将士无主,愿立太尉为天子。"检点醉卧不知,已而惊起,军士扶出,披以黄袍,拜呼万岁,拥上马南行,拒之不得,乃与诸誓曰:"汝等欲富贵,立我为天子,能从我命,可以为汝主,如不从,则不能为汝主也。太后及少主,我以北面事之,公卿大夫与我比肩,汝等毋加陵暴,亦毋得擅劫府库,擅役军士。如事定,有厚赏,不然,则皆族诛。"于是众皆拜曰:"惟命是从。"由是众迎宋主入城,秋毫无犯,中外人民相贺。是时周恭帝年幼,柴太后摄政,见事不顺,命传诏禅位于赵太祖,国号宋。帝稔知民间疾苦,大赦天下,发粟赈饥,号令分明,宽厚抚士,轻徭薄敛,不较小过,四方闻风降服。高丽入贡,回鹘来朝,女真贡马,小国皆降。唯南唐主李煜自晋时僭号南唐,建都于江南应天府,自恃地利兵强,不肯降服。宋遣曹彬出兵伐之,帝亲执剑付彬,戒之曰:"勿轻用兵,毋扰生民,宜立威信,使自归顺。"彬至金陵城下,遣人谓之曰:"如受降,同享富贵;不然,某日城必破矣。"南唐主遣臣徐铉入贡求缓攻,曰:"唐欲以小事大,如子事父也。"帝曰:"父子分为两家可乎?"铉不能对也。又言江南无罪。帝怒曰:"卧榻之侧,岂容他人酣睡乎!"进围京陵,自春至冬,唐主不降。彬乃与众将约誓曰:"城破不许妄杀一人。"至期城破,执唐主李煜以归。由是天下不征自来归顺矣。

宋太祖解裘赐将图 明·佚名

五字鉴

○ 胡虏息驰驱，蛮夷罢锋刃。
  苍生睹太平，终夜得安寝。
  天生德于斯，社稷得长永。

> 胡虏蛮夷之君闻中国有真主在位，皆来归顺，各遣使入贡。号令军士，各宜谨守，毋得生事越界。由是边塞军民安居乐业，咸相谓曰："我等幼经离乱，坐卧未尝安席，不意今日复睹太平天子也。"

陈桥驿定策立新君图　清·佚　名

● 开宴宴功臣,杯酒释兵柄。
择便好田庐,安置石守信。
曹彬总兵权,士卒无伤损。

太祖既定天下,四海太平,欲裁简诸镇兵权。难以自决,与学士赵普私议。普曰:"当以善诱之。"时石守信为殿前侍卫都统军马使,威权最重。帝依普言,大设筵宴,顾谓左右曰:"我非汝曹之力不至此,然终夕未尝安枕也。居此位者,谁不欲为之?"守信等叩头曰:"陛下何为出此言也,天命既定,谁敢有异心乎!"帝曰:"汝曹虽无异心,如麾下之人欲富贵何!一旦以黄袍加汝于身,汝虽不欲,其可得乎!"众皆顿首泣曰:"臣等愚不及此,愿陛下哀矜,指示可生之路。"帝曰:"人生如白驹过隙,所谓富贵者,不过多积金帛,厚自娱乐。汝等何不释去兵权,出守大藩,择好田宅,以为子孙长久之计,使无贫乏。多买歌童舞女,以自娱乐,且与汝等结为婚姻,君臣之间两无猜忌,上下相安,不亦善乎!"众皆顿首谢曰:"陛下念臣等至此,所谓生死而肉骨也。"宴罢,明日守信等上表辞朝者十数余人,各受制命而归,帝亲送之。○曹彬素性忠耿,加侍卫枢密使,专征伐,号令严明,人莫敢犯。自从太祖定天下二十年,量敌进退,未尝有失,兵卒皆受其恩。后乞归田,以天年终。

宋太祖杯酒释兵权图　清·佚　名

宋纪

赵普辅国政，帝有为必请。
普或告养亲，辄举吕余庆。
上下悉调停，中外皆敬谨。

赵普蓟人也。遇帝滁州，以普为节度使掌书记。凡帝用兵定制给散升除赏罚及增郡县，必召普确议可否，然后行之。帝尝夜幸普家，普每退朝，不敢解衣就寝，恐帝幸临。一夕大雪，普思夜寒雪深，上必不来。脱衣将卧，忽闻敲户声，普惊起开户，见上立雪中，普惶恐拜迎升堂，设重裀，席地而坐，烧炭炙肉，普妻行酒，上以嫂呼之。普从容问曰："夜深雪寒，陛下何以出？"上曰："吾睡不着耳，欲与卿请问出兵所向之方，是以来也。"普与上商榷，醉饮乃出。普或告养亲养病，帝许，普乃举贤相吕余庆等为辅，所以天下治安。内臣不预政，外臣不擅权，君臣各尽其礼。常有毁普于帝前者，帝叱之曰："岂不闻鼎铛尚有耳乎，普乃吾之股肱也，胡为乱言。"其人惶惧而退。○帝即位，乃封周恭帝为郑王于房州，封柴太后为先皇太后，以辛文悦长者为房州守。及恭帝卒，太祖亲为发丧，罢朝十日，以帝王之礼葬之，乃封其后。凡大臣有亡殁者，皆荣其后。○上在位十六年崩，改元者三，曰建隆、乾德、开宝。寿五十，遵承母命，以位让太弟晋王，称为太宗皇帝。

雪夜访普图 明·刘俊

太宗

太宗太弟立，遵奉太后令。
治国用长君，社稷终无损。
首举张齐贤，复相薛居正。
可惜昭与芳，不得行父政。

赵太祖兄弟三人皆杜太后所出，长曰匡胤，次匡义，三曰光美。匡胤既为帝，封匡义为晋王，光美为秦王。太祖长子德昭，次子德芳，皆嫡子也。建隆三年，太后将崩，呼太祖等并大臣谓之曰："汝知所以得天下乎？"太祖曰："皆祖考与太后之余庆也。"太后笑曰："不然，由柴氏使幼儿立天下耳。汝万岁后，当传位于晋王匡义，匡义传光美，复传德昭，次第相承。国有长君，社稷之福也。"太祖叩首曰："谨受命。"太后呼赵普曰："赵书记，共记吾言，不可有违。"然太祖兄弟甚笃，光义（即匡义）得疾灼艾。太祖亦自灼分其痛。及太祖将终，引斧砍地，呼太弟曰："汝好为之。"太弟立，是为太宗皇帝。太宗既即位，大赦天下，省刑罚，薄税敛，宽仁爱士，亲自策试，以张齐贤为上策，有司更其名于下。帝怒，诏再试，仍以齐贤为上策，皆喜，状元及第。先时太祖至西京，张齐贤为十策于帝，召问赐食，且唉且对，太祖故言某策善，齐贤称余策皆善。太祖怒，斥出不用。太祖既归，谓弟晋王曰："我游西京，得一佳士，名张齐贤，吾不忍用之，留与汝他日作宰相也。"至是果居相位。○薛居正先事太祖为相国，因事罢出外郡为节度使。太宗立召入，复为相国。○太祖长子德昭封郡王，因从太宗亲征北汉主刘继元，既平，复征契丹，不利而还。帝既归朝，以为幽州不利，不行平北汉之赏，德昭言于帝前。帝大怒曰："待汝自为之，赏未晚也。"德昭被辱，退而自刎。其弟德芳哀惧成疾而卒。太祖二子皆亡，秦王廷美怜之，不自安。他日太宗以传国之意问赵普。普曰："太祖既误，陛下岂容再误耶！"降廷美为涪陵县公。仇人李符告廷美怨望朝廷，徙于房州。未久，忧悸卒。呜呼！太祖创立天下，令二子恐惧而亡。太宗承继旧业，子孙独享富贵。虽曰杜后误之，而太宗亦残忍矣！

张齐贤用谋却敌图　清·佚名

吕蒙正为相，贤士叨荐引。
王祐种三槐，四世登台鼎。
王旦为三公，有犯而无隐。

吕蒙正少贫，笃志苦学，居陶冶之舍，手不释卷。在太祖时，登进士首魁。及为参政，有朝士嘲之曰："此子亦为参政耶！"蒙正佯不闻，同列欲诘其名，蒙正止之曰："若知其姓名，则终身不忘耳，不如无知也。"人服其真有宰相之度。尤难得者，引荐贤良，常置短策于袋中，录四方清正闻望姓名以备选用。人多仰慕。○王祐先时事太祖为御史大夫，因魏博符彦卿有飞语闻于朝。太祖遣祐按问，祐不徇帝意，往治之。既还，忤于帝，贬祐华州通判，竟不升用。后乞归，植三槐于庭前，祝曰："吾不做郎，吾二子必做，吾后世必有为三公者矣。"祐子王旦进士及第，至是果居相位，至三公。深沉有德量，敬上礼下，能断大事，抚恤四方，至公无私，世称贤相。其后子孙四世皆登公卿之位。太宗在位二十二年，改元者五：曰太平兴国，曰雍熙，曰端拱，曰淳化，曰至道。帝受太祖遗诏，尽心为国，竭力抚民，勤于政事，百姓富足，天下太平。晚年颇为外国契丹所扰，帝尝诏陈抟先生，欲封其官。陈抟不受，至隐不仕。帝寿五十九岁崩，太子立，称为真宗皇帝。

留遗恨王旦病终图　清·佚　名

真宗皇帝立,以德行仁政。
兴学劝农桑,五谷陈仓廪。
台谏向敏中,平章李文靖。
寇准与丁谓,拂须成仇衅。
王曾中三元,持身愈清谨。

真宗初名侃,更名恒,太宗第三子也。封襄王时,有举人杨砺梦一王坐大殿上,谓之曰:"我非汝主,如来天尊汝主也。"指示其处,令往谒之。先是太宗欲立太子未定,命相士指诸子可否,遣往襄王府,至门而返。谓太宗曰:"襄王府门下,人皆将相,其主可知矣。"遂立襄为太子。○时杨砺中进士第一,遣诣襄府掌书史,即如梦中所见。帝既即位,以吕蒙正、张齐贤为相国,中外清平。帝以德治民,每退朝,辄召学士入殿讲书,确论当世之务。问曰"朕闻汤武得天下以仁,桀纣失天下以不仁也,有诸?"对曰:"有。愿陛下行汤武可也。"帝曰:"善。"下令州郡严督农工,岁饥民困,罪在朕躬,岁登民困,罪在有司。不数年,太仓之粟充溢。中年颇为契丹所逼。○向敏中为台谏,素性刚直,人多惧之。○李文靖同平章事,检奏以时,进退尽公。○寇准时为宰相,丁谓时为参政,谓事寇甚恭。一日,因食羹污准须,谓起以手拂之。准笑曰:"参政国之大臣,为长官拂须耶!"谓深恨之,遂不睦。不久准罢职,丁谓起为相,贬准。时真宗害眼疾昏眩,谓白刘皇后,贬准为雷州司户。其后参政王曾密奏丁谓包藏祸心,擅移皇坟于绝地。遂贬谓为崖州司户。寇准为人,宽厚爱士,丁谓为人狡险。初贬时,京城语曰:"欲得天下宁,当拔眼中丁;若得天下好,莫如召寇老。"后寇准竟死于贬地。○王曾在太宗时,乡试解元,京试会元,廷试状元。人贺之曰:"大人三元及第,一身吃着不尽。"曾曰:"平生之志不在温饱,愿无饥寒可矣。"及为宰相,正色立朝,无所偏倚,人莫不知者。尝曰:"恩欲归己,怨使谁当?"素性淡泊,不好华美。帝甚重之。○真宗以吕蒙正、张齐贤、李沆、李文靖、向敏中、王旦、毕士安、寇准、丁谓相继为相,唯王旦居位最久。帝在位二十五年,寿五十五,改元者五:曰咸平、景德、大中祥符、天禧、乾兴。太子立,称为仁宗皇帝。

清·佚名 坐株连寇准遭贬图

仁宗居圣朝，夷简为参谋。
文官包丞相，执法论王侯。
狄青为武将，攸服广源州。

仁宗名祯，李皇后所生，正皇后刘氏无子，夺而养之。初，真宗有子多不育，祷于上帝，上帝问群仙曰："谁肯降凡。"唯赤脚大仙一笑，即命降为真宗之子。生后数日，啼哭不止。真宗命访有能止太子啼者封其官，有道人进曰："吾能止之。"抱太子附其耳曰："莫叫莫叫，何如当初莫笑。"竟不啼。道人不知所逝。自幼足不穿履，盛寒唯喜赤脚。年十二即位，刘太后垂帘摄政，以仁宗为己子，而贬帝母李氏。既长，丞相包文拯及群臣言其事，帝乃悟，奉母李氏归正宫。李氏卒，刘太后禁勿治丧。宰相吕夷简奏曰："宜备礼以葬。"刘太后不许。夷简奏曰："岂不思保全刘氏乎，他日莫道夷简不说。"刘氏乃许发丧。葬之日，不许由正门出，诏令凿宫城垣出棺。夷简复奏曰："凿垣，非礼也，李后诞育圣躬，宜从西华门出。不然，恐后有受其罪者，使谁当耶？"诏乃许之。〇吕夷简自真宗朝入仕，厚重自持，至是参知政事，能立大节，决不疑，面斥廷诤，秉公无私。及为相，屡起屡罢，凡六七任，口无怨语，大有功宋室。〇包文拯初为中郎，迁开封府尹，执法无私。尝曰："大明无私照，至公无偏徇，治奸雄，正王法，当用铁石心肠。"初执皇亲如律问罪，天子莫能救，次拿曹国舅下狱，拟填袁文正父子之命。盖曹国舅，仁宗皇后之兄弟也，因得罪，诸部官救之，不许；曹皇后出宫救之，不许；帝亲到开封府救之，亦不许。及后大赦天下，止免曹大舅一人，曹二舅竟问罪填命。人谓之铁面包公。前后公案，直究到底，皆无冤枉。后居相位，众所畏惮，不久遂罢。〇狄青少贫贱，真宗时从军征契丹有功，除枢副，有位无权。至是广州强人侬智高反，攻陷东西两广数十州，连年被害，屡讨不克，帝有忧色。狄青入奏曰："臣愿受命往讨。"帝喜，亲授斧钺，与兵二十万征之。青遂以计平服。封青为枢密使兼兵马侍卫将军，专主征伐。青为人正直无私，时人语曰："文官好个包丞相，武官好个狄将军。"

狄青夜夺昆仑关图 清·佚名

范仲淹奏事,降职守饶州。
良臣文彦博,贤宰欧阳修。
公心同协政,奸党绝交游。
韩琦吕公著,竭力助皇猷。

○范仲淹字希文,谥文正,官为参政兼学士侍讲。时仁宗爱美人尚氏,(尚氏)与郭皇后争宠,因废郭后。仲淹奏曰:"子有嫡庶,妻有正偏。"帝怒,贬仲淹为睦州守,已而召归。因议时政,例该次第言之,仲淹秉公先言,吕夷简恶其不循礼,奏曰:"仲淹越班奏事。"遂贬仲淹为饶州守。后征回,官至宰相。○文彦博、欧阳修皆贤大夫也。相继为相,同心协力,治乱持危,无所偏倚。时朝廷有君子小人朋党之论,各相援救,修作《朋党论》以奏,帝纳之,其党稍解。○韩琦、吕公著相继为相,尽力国事,屡任屡罢,未有怨言。故当此时,贤相并起,天下晏然。○帝在位四十二年,改元者九。寿五十四崩,太子立,称为英宗皇帝。

议新法创设条例司图　清·佚　名

五字鉴

英宗神宗继，听用佞臣谋。
荆公王介甫，变法征青苗。
唐介富弼等，谏不听而休。
赵抃曾公亮，极谏以成仇。
刘琦苏辙等，上疏谪南州。
生老病死苦，知者为心忧。

英宗名曙，濮安懿王允让之子，仁宗无子，迎立为皇子。至是即位。曹太后垂帘听政，因宦者有谗间之言，帝忧疑致疾，举止改常。在位四年崩，改元曰治平，寿三十六，子立，是为神宗，名顼。年二十即位，唯勤唯俭，不耽酒色，不好畋游，励精求治，有志恢复，被权臣为害而卒，未致太平。王安石字介甫，封荆公，江西临川人也。有才名，仁宗时已仕，至是官为参政总枢副，居户部，权天下赋税，多任己意，言古先法制不足用，更变新法。帝嘉之，用为相，遂罢韩琦、欧阳修等。而以青苗之法征民，当春月未布种时，以钱米给民用度，至秋熟，加息三分，命有司征之。又遣官吏察农田水利，罢义仓，行均输法，以为有益于国。群臣议曰："此法非徒无益，其实为害也。"帝不听，行之。时参政唐介、宰相富弼等谏新法不可用，帝亦不听。枢密使赵抃、司徒官曾公亮等极谏之，忤安石，皆削职。时人谓之语曰："生老病死苦。"此五字深有可味。以王安石为生，乐享富贵。以曾公亮为老，致仕还乡。以富弼为病，称疾不朝。以唐介为死，谏不从，逆气而亡。以赵抃为苦，谏不听，口口称苦，无如安石何！时台谏官刘琦、钱颛等，谏院官范纯仁、苏轼等，见群臣进谏不纳，复上疏曰："以钱贷民，吏缘为奸，欲与不与；钱入民手，虽良民不免妄用；及纳钱，虽富民不免违限鞭杖。州县不胜其苦，人民不免其害。"故是时朝内大臣如司马光、宋敏求、范纯仁、吕大防、孔文仲、程明道、欧阳修、韩琦、苏轼、吕陶、吕公著、吕诲、程伊川、曾布、杨绘、刘挚等数十人，皆以议新法不便，贬官外郡。神农在位十八年崩，改元曰熙宁、元丰。太子立，称为哲宗皇帝。

神宗误用王安石图 清·佚名

宋英宗像 清·佚名

- 哲宗立冲幼,太后掌皇猷。
司马光入相,新法悉皆休。
救民于水火,朝野乐无忧。

哲宗名煦,神宗第六子也,初封延安郡王。神宗不豫,迎立之。年十岁即位,太皇太后高氏（神宗之母）垂帘听政,九年而崩,史称为女中尧舜。尽心于国,不私外家,除安石新法,节用爱民,宽仁恕物,不忍用兵。临崩谓侍臣曰："老身没后,必有调戏官家者,宜勿听。公等亦宜早退,命官家别用一番人耳。"时当社日,谓曰："公等各退吃一碗社饭,明年此日思量老身也。"言罢而崩,远近莫不悲慕。哲宗始亲政事。其时司马光死数年矣。光字君实,封温国公,自神宗时为大学士,除枢副,屡言新法为害,不欲在朝。神宗谓安石曰："朕闻三不足之说,卿闻之否?"对曰："未闻。"帝曰："外人以为天变不足畏,人言不足恤,祖宗之法不足守,何如?"安石不语。帝曰："昨学士院进策专指此三事而言。"安石衔之,光乃力求出官外镇,诏许判洛阳。光居洛一十五年,置独乐园,日与客觞咏其间。至哲宗元祐元年,始征司马光入相。时哲宗年幼,太皇太后高氏摄政。光奏新法为害当改,或曰："三年无改可也。"光曰："以母改子政,非子改父政也,何为不可?"由是安石所建天下各州县军民户役等法,悉皆除之。民如救焚拯溺,莫不称贺。光在相位八月而卒,京师之人无不悲泣,及葬之日,四方吊者如哭亲丧,画工有能图其像而售者,家致巨富。初,神宗崩,光入朝,望见者以手加额,曰："司马相公来也。"争拥马首大呼,愿无归洛阳,留相天子,活百姓,至是果入为相。

流民图为国请命　清·佚　名

章惇继为相，思复党人仇。
苏轼好讥议，陟降未停留。

章惇初为枢密使，与王安石表里用事，安石得病去位，惇亦罢守外郡。司马光为相，乃与太后议除新法。及光卒，侍郎杨畏用事，奏请召章惇为相，欲复安石新法。追贬司马辈三十余人，没者夺其封，存者悉远贬。惇又奏帝追废太皇太后封神主，不许入太庙。赖皇太后向氏、太妃朱氏力争，帝悟，乃止。○苏轼字子瞻，号东坡。为翰林院大学士，知制诰事。性风流，好诗赋，讥刺时务，常遭谤贬。仇者李定、舒亶等奏曰："陛下发钱，本为济贫。轼曰：'赢得儿童好音语，一年强半在城中。'陛下课试群吏，轼曰：'读书万卷不读律，致君尧舜终无术。'陛下兴水利，轼曰：'东海若知明主意，应教斥卤变桑田。'陛下谨盐禁，轼曰：'岂是闻韶解忘味，迩来三月食无盐。'其他触物即事，无不以讥谤为主。"帝怒，收轼下狱。帝终惜其才，令轼咏桧柏诗，末句云："根到九泉无曲处，世间唯有蛰龙知。"宰相王珪又毁之曰："陛下飞龙御天，而轼言地下之蛰龙，非不臣而何！"帝曰："彼自咏桧，何预朕事。"赖王安礼、吴充力奏赦之，贬汝州。帝欲复用，为蔡确等所阻，竟不得大用而终。

东坡博古图　清·萧　晨

● 宋德隆盛治，名贤一时起。
濂溪周先生，河南程夫子。
温国邵尧天，横渠王安礼。

宋自仁宗、神宗以来，泰运昌、德化隆，贤良才德之士皆出其时。欧阳修、范仲淹、韩琦、吕夷简、司马光、文彦博、王曾、苏轼、苏辙、曾公亮、富弼、范纯仁、吕公著、孔文仲、吕海、吕陶、朱光庆、杨中立等皆贤相也。学士石介曰"名贤满朝"，乃作《圣德颂》以进帝。周敦颐字茂叔，号濂溪先生。欧阳修字永叔。司马光字君实，封温国公。河南程颢字伯淳，号明道先生。弟程颐号伊川先生。邵雍字尧天，号康节先生。张载字子厚，号横渠先生。王安礼字平甫，安石之弟，官至尚书右丞。以上皆名贤也。其中顾为王安石、章惇、杨畏、蔡卞等沮抑。

西园雅集图　南宋·马　远

六经成篇章，四书有终始。
诸子百家文，俱得标名纸。
圣贤道大行，流传千万世。
泰运难久留，安危常未定。
晦庵朱文公，作鉴修国史。
搜辑孔孟言，削除杨墨语。

朱熹字仲晦，号晦庵，谥文公，生于南宋高宗建炎四年庚寅九月十五，绍兴十四年甲子登进士第，时年十九，仕为翰林。当秦桧弄权，害及贤良，且遇朝廷多事，金人为患。尝曰："危邦不入，乱邦不居。"遂隐居南康白鹿洞。注《诗》《书》《小学》，撰《通鉴纲目》，集六经四书、三坟五典及诸贤杂传。当时孔孟之书、三王经礼，秦灭之后，颠倒错乱，赖朱子编集成篇。杨朱、墨翟异端惑世，贼害仁义，无父无君，朱子恶而削之。当时朝廷屡召熹不起，隐居三十五年，至孝宗淳熙十五年戊申，乃奉诏入朝，时年已六十矣。命入经筵，授太傅之职，固辞不就。求出为南康太守，次年浙东荒，除熹提举往救，及复命，除兵部侍郎，与同僚不合，辞去，复召不至。推上言六事，其略曰："天下之大本，与今日之急务，大本在陛下之心，急务在建立太子，选任大臣，振举纲维，变化风俗，爱养民力，修明军政而已。"先时朝野皆宗二程之学，至朱子起，四方仰慕，如泰山北斗。光宗尝征熹为湖南道安抚使，辞不就。及宁宗即位，学士黄裳奏曰："陛下欲进德修业，须用天下第一人。"帝问为谁，对曰："朱熹，宜召之，令就相位。"时韩侂胄为相，恃宠弄权，熹上表劾之，在位仅四十六日，以老告辞。左仆射赵汝愚乞留之不得，于是侂胄逐汝愚，追废朱子之学为伪学，有宗其学者数十余人，尽追贬之。宁宗庆元六年庚申朱熹卒，年七十二。理宗朝淳祐元年，下诏尊朱子之学为正学，与二程皆从祀孔子庙。

哲宗在位十五年崩。改元者三：曰元祐、绍圣、元符。皇弟立，是为徽宗。

朱晦翁创立社仓法图 清·佚名

朱熹像 清·佚名

● 徽钦之际衰，民间多怪异。
女子脸生须，男子腹诞子。
招惹金人祸，皆由蔡京起。

> 徽宗名佶，神宗第十一子，哲宗无子，太后向氏与大臣议立之。帝初封端王，至是即位。以曾布、章惇、韩忠彦相继为相。彦，韩琦之子。初年天下颇安，中间用蔡京父子与童贯等，专以奢侈蛊惑君心，购奇花瑞草、珍禽异兽、嘉木怪石于外国，民不胜其扰。由是宋德衰微，灾异迭见，地裂山崩，妖星昼见，腊月雷，三月雪，宫殿自开，响声如雷。都城有卖青果男子怀孕生子；丰乐楼前有酒保朱氏，其妻年四十生髭，长六尺，有司闻于上，诏封为女道士。此皆妖孽不祥，蔡京等称为祥瑞，以表贺之。是时朝廷方正之臣皆引去，而北番女真阿骨打僭称帝，建号大金国，其势渐大。皆由蔡京等人招引入界为祸。

得奥援蔡京复相图　清·佚　名

五字鉴

童贯擅专权,与京相表里。
童与金人谋,共图契丹地。
契丹既已亡,引祸害自己。

童贯与梁师成总枢政,为内侍。蔡卞执政,蔡京父子为仆射,领军使,与贯等相为表里。机诈谄媚,专务开边,大兴土木,广建宫室,日求远方珍物,以实苑囿,所费以数万计。时契丹称帝燕京,号天祚皇帝,与女真金国有仇,宋乃与金人密谋共图其地。高丽国王知其故,使宋求医,宋遣二医往。既返,奏曰:"彼非求医也,知我中国与女真共图契丹,言苟存契丹,犹足为中国拒边,可无后患,女真狼虎不可信也。"蔡京、童贯等不以为然,遣人约金共攻契丹。既灭之,二国相约其地与宋,租税归金,立盟而退。金人燕京,索金帛、器玩、子女、职官、民籍户口,席卷而去。宋止得空城而已。大唐以来,屡被其害,至是始亡。金人灭辽后,其势愈大,明年发兵侵宋诸郡,直抵京师,宋不能敌,纳金帛与之求和而退。次年春,金兵又来,声震天地,徽宗忧惧退居后宫,见事迫,出奔南京应天府,诏禅位。帝在位二十五年,改元者六,太子立,是为钦宗。大臣李纲等欲举兵与金敌,李邦彦专主和议,取库内金五百万、银五千万、牛马万头、彩缎一百万匹,又以大臣张邦昌并太弟康王俱质与金人而去。○太学生陈东等上表乞诛蔡京、童贯等六贼以谢天下,帝犹豫未决。是冬金兵又来,李纲、种师道欲举兵临河要击之,李邦彦、吴敏等力主和议而止。时库藏空虚,括于军民官属间,仅得金二十万两、银四百余万两。兵围宋城三十日,宋割地三镇、三十余郡,以谢金人,乃解围而退。徽宗见金兵退,即还都,命诛蔡京、童贯、梁师成等。金兵退归数月,复来围陷京城,掳宋二帝而去。

通远使约金攻辽图 清·佚 名

君臣不协心，却受金人耻。
二帝被金俘，国市如一洗。
皇后妃嫔嫱，侍臣并内史。
金玉玺绶图，车盖百物器。
尺地无所存，唯有烟尘起。

玺音徙。绶音位。〇按《宋史》：钦宗靖康元年冬十一月，金兵复来围城，枢密使张叔夜召兵欲战，执政耿南仲、范琼等专主和议，曰："今百姓困乏，仓库空虚，养数百万军于城下，何以给饷。"遂止各道不许进兵，城围四十日，和谋不决，金兵鼓噪攻城，宋兵自乱。帝闻外城陷，哭曰："朕不用种师道之言，以至于此。"时师道前一月死矣。护驾人犹有万余，叔夜领兵拒战四日，杀金兵数百，拥驾突围而出。帝终惑和议不定，众卒号哭而散。金主请上皇出城相见，钦宗曰："上皇惊恐成病，朕当自往。"遂至金营相见，留二宿而返，金兵淹留不退。明年春复请帝出城，又逼请上皇同出。张叔夜谏曰："今陛下若出，不得归矣，不可再往，臣当率精兵护驾而出。若金兵追至，臣决死战，或可侥幸。若天不佑，宁死封疆，必不可生陷夷狄。"上皇将饮药，为范琼所夺。唯张叔夜每出死战，其余范琼、徐秉哲、王时雍、吴开等人欲逼上皇与帝出宫。上皇见事困迫，不得已，乃率皇后、太子、亲王、公主、皇族宫女内外侍臣三千余人悉赴金营。大括城中子女玉帛宝玩车服器用图册书籍，官民上下一空。帝入金营，逼换御服，侍郎李若水抱帝大呼奋骂，金人以刀裂其头，断其舌而死。时军马使吴革欲聚众挈回二帝，被贼臣范琼所败。金人在宋城七月而退，拥帝北行，皇后公主帝妃臣僚妻妾俱被其辱，号哭之声，震动天地。时死义者止称李侍郎一人。张叔夜、何粟等人从帝北行，饮水而死。《宋鉴》记：金兵屡犯宋城，四方勤王之师，皆诏止之，恐妨和议。至于国破身亡，未尝有一阵之劳，皆由小人用事，以致如此。为君上者不可不鉴诸。

清·佚名 立异姓二帝蒙尘图

驱迫于马前，席卷归夷狄。
四海尽悲伤，百姓皆下泪。
自古为君难，为臣亦不易。
唯有不良臣，千载秽青史。

史记：徽宗二十二年，宋与金共灭契丹，因分地生衅。二十四年，金人侵宋，宋不能敌，以金宝财帛求和。二十五年，金兵又来，宋又割地献金帛和之。二十六年，金兵又来，宋再割地，括府库钱财并民间牛马谢之。徽宗见事既促，禅位钦宗。是年春，金兵又来，宋割三镇之地并二十州郡，索民间金帛数百万谢之。是岁冬十一月，金兵又至，围宋城。至次年夏五月，掳宋二帝并臣僚而去，皆死于外国。钦宗在位不二年，改元曰靖康。○太弟康王立于南京应天府，是为高宗，号曰南宋。○厥后金国愈盛，连年侵害。至宋理宗与大元皇帝合兵共灭金国，而绝其祸。史记：宋自太祖赵匡胤在位十六年崩，太宗在位二十二年崩，真宗在位二十四年崩，仁宗在位四十一年崩，英宗在位四年崩，神宗在位十八年崩，哲宗在位十五年崩，徽宗在位二十五年，传与钦宗，在位不到二年被害。自太宗至此，凡九世，共一百六十八年，以后称为南渡，又曰南宋纪。

听琴图 宋·赵佶

南宋纪 nán sòng jì

徽钦二帝遭金人之厄，康王渡河而南，称帝于金陵，按史书称南渡。

● 高宗南渡河，改称中兴纪。
　立位在南京，安措民心志。
　不顾父兄仇，听用奸臣计。

高宗名构，徽宗第九子也，封康王。靖康元年，金兵围城急，宋屡以金帛器玩与之，不退，复以康王并大臣张邦昌出质，金乃退师。金太子与康王同射五矢，皆中鹄，金人疑是将家子，遣归宋。是冬，金兵复来，宋乃遣康王出质，使耿南仲同行。及至相州，民人遮道请无往，不听。至磁州，守臣宗泽又苦止之，与南仲等共议召兵勤王。以康王为大元帅，以宗泽、汪伯彦为左右副领兵，入卫朝廷。闻报京师被陷，宗泽急欲进救，汪伯彦不从，移兵出守平州，南仲从行。道人探知二帝皆从金兵北去，康王惧，遂南奔。○金人立宋臣张邦昌为楚帝，以安民望。邦昌为帝三十三日，闻康王南渡，邦昌即诣康王前伏地恸哭请死。时有使臣自北逃回，进二帝手简与康王曰："汝可即真位来救父母兄族。"康王见之大哭，群臣亦哭，震动天地。于是康王遂即帝位于南京，迎孟太后同听政。孟太后，哲宗之妃，下诏安抚中外，后欲兴兵北征，被宰相黄潜善、汪伯彦止之，竟无匡复之意。先是耿南仲力主和议误国，至是贬窜。召李纲入为相，以宗泽知开封府事。时金人贪得无厌，又发兵南向，潜善、伯彦等人欲奉帝出奔东南以避之也。

立赵宗亲王嗣服图　清·佚名

五字鉴

金贼复南侵,宋臣无主意。
奉帝建行营,出奔无远近。
宗泽韩世忠,尽心以死命。

金闻宋康王称帝南京,分兵三道南侵。一道自云中出,渡河攻河南;一道自燕京出,渡河攻山东诸郡,一道自河州渡河攻陕西诸郡。建炎二年春,金兵至汴梁,宗泽率兵战败金兵。泽屡具表,请高宗还汴梁,宰臣潜善、伯彦忌宗泽成功,从中沮之,不允其请,但建议所奔之处。宗泽忧惧成疾而死,临终无一语及家事,但连声呼过河者三而卒,都人闻者流涕。○宋闻金兵将至扬州,帝与群臣戎服南奔。趋瓜州,回望扬州烟焰蔽天,帝乘小舟渡江至镇江,复趋杭州。罢潜善、伯彦官,以朱胜非为相。○御营将苗傅、刘正彦作乱,韩世忠引兵追杀之。帝自临安奔浙东,驻台州,金兵一道自蕲黄州渡江,攻陷临江、建昌、吉安等处,追孟太后不及,又攻陷袁州、荆南、澧州等郡,北渡而去。一军用船水行,自江东陷建康,通判杨邦乂死节。时邦乂被执,金人欲其降,乂曰:"宁为赵氏鬼,不作他邦臣。"留之数月不屈,大骂被刑而死。金兵闻宋帝在杭州,进陷之,时帝已去七日,追逐帝舟不及,回陷平江、常州、镇江。韩世忠以海舟邀击之,督战数十合,几获金将兀术,值风不顺,海舟大,不能移,金兵遁去。至建康,一夕凿地成大渠,乃得引舟出江北归。

金主亮分道入寇图　清·佚　名

南宋纪

● 秦桧多阴谋，专权主和议。
妒正害忠良，岳飞遭屈死。
群臣莫敢言，受制而已矣。

秦桧在徽、钦宗之时为中郎官，从二帝入金，依挞懒南侵，桧为参谋军事。及归宋，自言逃回，朝士多疑其诈。桧言若欲天下无事，须是南自南，北自北，乞帝致书挞懒求好。其言无非阴为挞懒谋耳。且诈称曰："我有二策，可以耸动天下。"桧多阴谋机巧，谄媚事上。遂以桧为右相，吕颐浩为左相。○金主连岁遣将兀术、罕散离曷挞等分道南侵，被宋臣韩世忠、岳飞父子、张浚、吴玠吴璘兄弟等杀退，由是金兵不敢南下，数年得少休息。唯秦桧多以和议为说，讽帝罢兵，金复得志。是时宋臣有能者，桧嫉之；有功者，害之。岳飞与子岳云皆有大功，桧嫉之，陷于狱，父子弃市。时有功被害者甚众。○按史记：桧为相十八年，金兵南侵，桧专以和议为主，不能匡复。群臣有言用兵者辄被窜，非桧亲属党人不得在位，故终高宗之世，不能复父兄之仇，桧之罪不容诛也。桧临终犹举大狱诬陷死者五十三人，张浚、李光等人并皆有功之臣，遇桧病笃得免。

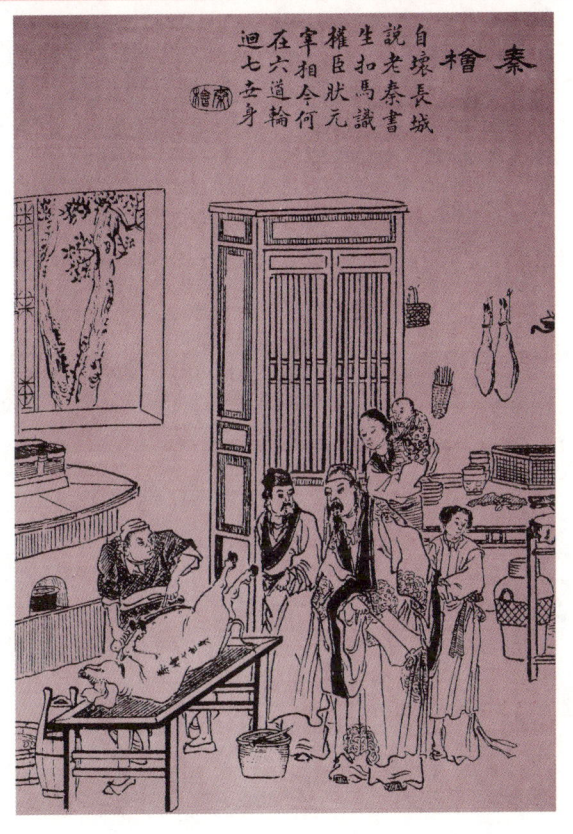

秦桧图　清·佚名

金人势力强，宋受害不已。
愿尊金为君，宋自称臣子。
胡铨以极言，称臣天下耻。

绍兴八年，金闻宋武臣多死窜，分兵四道南侵，势甚促。秦桧主和，遣使谓金主曰："南朝愿去尊号，奉正朔称藩。"如大宋"大"字、"皇帝"字不敢用，连年遣书至金，乃免。○编修胡铨上疏，极言："陛下一屈膝于金，则祖宗社稷之灵尽污夷狄，祖宗赤子尽为左衽，朝廷宰职皆为陪臣。异时豺狼无厌，安知不加我以无礼如刘豫辈。虽三尺之童，指豕犬而使之拜，则拂然怒。丑虏，犬豕也，今堂堂天朝，相率而拜犬豕，不惟为童稚所羞，实为天下所耻。"是时王伦、孙近皆助秦桧。铨曰："臣义不与桧等共戴天，乞斩伦、桧、近三人之头，悬于藁街，则三军之士不战而气自倍。不然，臣蹈东海死矣。"书既上，被桧贬窜，后竟无一人敢言用兵者。王伦与张九成等奉书至金，被留之，王伦受降，九成求伦符节逃归。史记：九成在金三载得归。○是时朝廷依桧所言，修书金主，以君臣礼称之，稽首不拜等语。金或有使者至，则起立问金主安否。约每岁朝觐进贡，自是和议始定。金主息兵北归，两相安伏。仅一载，绍兴十年，金主背盟，分兵四道南侵。宋复遣使求和，尽割河北之地与金，以淮中流为界，金兵乃回。绍兴十年，徽宗殂于北方，至七年春，始得凶信。徽宗在金九年而崩，钦宗在金三十五年而崩。○绍兴五年，蒙古之势始兴于女真之北，附从于金；绍兴十五年，始称帝，建号大元皇帝，遂与金叛。○绍兴三十一年，金主亮移都汴梁。汤思退为相时，张浚奏曰："金主必违盟，移都附近，宜谨备之。"至是果然起师南向，兵号百万。其母劝谏，杀之以威众。遂陷淮西、扬州诸郡，欲由采石渡江而来。时丞相洪适兄弟、都统虞允文、李宝等督战，火焚金舟，不得渡，退归扬州。金主亮怒，与诸将誓再三日渡江，如违者尽杀之。诸将惧，知事不利，遂相谋弑亮于营中。是时宋帝出奔临安，如建康。○三十一年，帝还临安，诏禅位与太子。在位三十六年，改元者二，曰建炎、绍兴。帝性宽厚仁恕，有匡复北方之志，为权臣所制，不得伸其憾矣。皇太子立，是为孝宗皇帝。

铁木真称尊耀武图 清·佚名

南宋纪

● **孝宗光宗继，混沌终其世。**
贤才虽有之，不得行其志。

孝宗名眘，乃太祖第二子德芳岐王之后也。母张氏生眘于秀州，有嘉禾之瑞。高宗无嗣，育为皇太子。盖秀王偁之子，受内禅秀州，帝世居其处。高宗立太子旉早卒，选于宋室得眘，乃立为太子。英明特达，秦桧尝欲害之不能动。至是即位，尊高宗为太上光尧寿圣皇帝，以史浩、洪适、张浚、虞允文、周必大、汤思退相继为相。思退以事窜死。朱文公出于其时。○金主雍号世宗，贤仁明恕，号为北方小尧舜，与宋各守先帝议和，两相平复，改除旧制，使者往来，仍称宋皇帝。进贡亦改数目，惟所割之地不改，兵革三十余年不用，南北之民皆得休息。帝在位二十七年，改元者三：曰隆兴、乾道、淳熙。禅位太子，是为光宗，名惇，年四十一岁。在位体弱多病，宰相周必大、罗点、留正、葛邲为左右丞相，无复匡求先王之业。虽有朱熹、赵汝愚等人出于其间，不得居于正位以行其志。帝因皇后李氏欲立其嗣，造诬罔语，帝得疑疾而崩。在位五年，改元曰绍熙。太皇太后吴氏立嘉王为帝，是为宁宗。

朱熹闲居图 清·佚名

○ 宁宗与理宗，政被奸臣削。
佗胄恣专权，宋纲从此弛。
金在理宗朝，国祚亦灭矣。

宁宗名扩，初封嘉王，光宗之子也。佗胄姓韩，前宰相韩琦曾孙，为紫微郎，吴太后妹之子。太后乃胄之母姨，胄引嘉王见太后，立为太子，至是即位。佗胄因立帝有功，迁为丞相，专权秉政。时宁宗因大臣黄裳之言，征朱熹为右相。熹有澄清之志，上疏言佗胄弄权，忤胄不相合，熹在位未两月而罢。咸相谓曰："天下大老既去，谁不欲去；若正人尽去，何以为国。"赵汝愚奏帝留熹不得，佗胄并逐汝愚，贬窜而死。是时贤良方正之士多遭贬窜，引用一班新进。追论朱子之学为伪学，有争救之者，皆遭谗害，天下寂然失望。○开禧三年，佗胄奏帝兴师伐金，诏告诸路进兵北伐，诸军所向，无不溃败。金主怒传檄曰："汝先君献地称臣奉朔，姑恤存留汝祚，何以反为！"于是大发兵南侵，连陷蜀、汉、荆、襄、两淮诸郡，东南大震，中外恐惧。侍郎史弥远使人密讽皇后杨氏建密策，乞诛佗胄谢金，则兵可息矣。杨后依言，俟佗胄入朝，弥远使主管殿前夏震杀之，函首谢金，复求和好，乃前称臣奉朔，南北乃解。○史弥远定策有功，迁为丞相。一人专权秉政，排抑贤良。是岁大元始即称帝。○宁宗在位三十年崩，改元者四。史弥远建策迎立宋室子孙，是为理宗。理宗初名与莒，宋太祖十世孙，尝应科举得第，除官邵州。宁宗多子不育，诏求宗室子孙，得与莒，立太子，改名贵诚，后更名昀，至是即位。以弥远为左相，郑清之为右相，史嵩之为枢副。○金国之势渐衰。大元先是奉事金主甚恭，每岁献币如常，自元太祖称帝之后，其礼渐薄。因元太祖亲贡于金，金太子允济受贡，元帝不为礼，金太子怒。有语于元帝者，策马而归。金欲俟其再贡而害之，帝知之，遂与金绝，由是连岁加兵于金。元以木华黎为大帅，分兵三道南征，不三年取金城五十余郡，大元之势日盛。金主虑曰："北有元人，南有宋帝为仇，度不能两全。"遂以岐国公主及童女五百人兼金帛万余，乞和于元。元虽见许，而心不允。后五年，元太子拖雷者与木华黎复出师侵金，取西域河朔诸郡。金主惧，复遣使求和。元太祖谓使者曰："我向令汝主与我河朔之地，令汝主经理河南，两相罢兵息怒，汝主不从，今我木华黎尽取之矣，乃来请和，不许。"○宋见金室衰弱，连岁兴兵征伐，迭有胜败，然金兵犹强锐，亦不能骤灭。○元太祖自宋宁宗嘉定三年庚午与金国相叛用兵，至理宗端平元年甲午，宋与元共谋灭金，获其主承麟以归杀之，掳其后妃公主臣僚金帛而赤其城。金国遂绝。○史记：金自完颜旻称帝，至是凡九世，共一百一十七年而亡。○宋被金人之害，自徽宗宣和六年甲辰起，至理宗端平元年甲午止，其中被害凡八主，共一百一十年。以后又为大元所害。理宗在位四十年，而改元者八。政出权臣史弥远、贾似道等之手，帝不得预，唯能崇褒周、程、张等义理之学。太侄立，是为度宗。

韩佗胄弄权逐良相图　清·佚名

南宋纪

○ 度宗皇帝立,天命将去矣。
胡人元主兴,州郡遭割取。
逞势入中原,宋兵难敌抵。
孝恭懿圣皇,被执归胡地。
潭州李芾臣,力尽全家死。

度宗名禥,乃理宗之侄。即位,用贾似道为大丞相兼平章军国事,封魏国公。势倾人主,排抑中外,隐蔽朝廷。江万里为右相,文天祥知枢密院,大学士马廷鸾为侍讲,时天命将去,帝唯唯而已。○胡人蒙古部世居北方,兴于昌宗之时。至理宗朝,与宋共灭金,其后势愈大,遂入中国为害。连岁加兵,割取宋城,宋不能敌,避于闽广之间,度宗拥虚位十年崩。改元曰咸淳。太子立,是为孝恭懿圣皇帝。年四岁即位,时地震山崩,妖星昼见。以贾似道为大都督军马,迁延不出,枢密官陈宜中等劾似道不忠不孝,贬官窜死。以文天祥为相,陆秀夫副之,张世杰总枢政。○德祐元年,元丞相伯颜大发兵南侵,宋丞相文天祥、张世杰率兵四十万,与元兵拒战。二人议曰:"两军坚守闽广,督兵血战,万一得捷,犹可为也。"时陈宜中居中行事,诏天祥等罢兵求和,犹豫未决。○元兵围潭州九月,宋救兵不至,李芾粮尽兵困,知事不济,悉召家人登楼大宴,聚金帛于两旁。酒将酣,命帐下沈忠:收金帛去,持刀从大至小杀尽,然后杀我,不可违命,杀尽则放火焚之。沈忠依令杀讫放火,沈忠亦自破腹投入火中焚死。观者大哭,自愤而死者甚众。德祐元年,元兵围宋帝行在于临安,帝以文天祥出使军前,被元留之。宋相贾余庆等见事不利,奉帝并三宫后妃公主等出降,尽被元兵执之北归。天祥从弟至镇江,得小路逃回。后元封恭帝为瀛国公,后数年,恭帝与其母全太后皆落为僧尼,终于番国。恭帝在位一年被掳,改元曰德祐。时大臣陆秀夫、张世杰督兵守闽广,迎益王即位于福建,是为端宗。

陷临安幼主被掳图 清·佚名

端宗与帝昺，世乱不可立。
弃位居河舟，漂泊无定止。

端宗名昰，恭帝之兄，为众臣所立。皇太后杨氏同听政，陈宜中为左相，文天祥为右相，张世杰同平章事，陆秀夫参政枢密使，巩信及赵时赏为左右大司马，扶帝乘大舟出居江海。时江南江北东西二京俱陷，唯闽广等州县为宋所属。元兵乘舟追逐宋帝于闽广潮州等处，宋帝日夜趋避，文天祥与巩信逆兵力战，巩信身被十余枪，手犹持刀杀元十余骑乃死。天祥妻妾二男二女及众将士皆被元兵所执。赵时赏坐车后，元兵问是谁，时赏欲以身代天祥，答曰："我姓文氏。"元兵疑是天祥，执归见主。时天祥与长子道生脱走。时赏执至营中，元欲其降，时赏奋骂不屈，副将刘洙欲自解。时赏叱之曰："死何患乎！"于是被执者皆死。天祥家属送燕京，二子死于道，天祥至循州收败兵再举。○端宗舟至谢女峡，闻时赏、巩信等皆败死，帝惊恐忧愁成病而崩。在位未三年，改元曰景炎。众臣迎度宗之子即位，号曰帝昺。初封广王，端宗之弟，年八岁，皇太后杨氏听政，以陆秀夫为左相，张世杰为右相。

拥二王勉支残局图　清·佚　名

○ 执义文天祥，捐生江万里。
世杰陆秀夫，临死心如矢。

文天祥，江西吉安人也。官至宰相，率兵拒元，屡战不捷，妻子家属数十人俱被执。天祥脱走，复兴兵拒战，闻帝昺即位，上表自劾败军之罪，乞入朝，不许，仍令督军诸路，封信国公。时出师军中大小士卒多死，长子道生亦亡，家属殆尽，天祥坦然无忧，乃作《正气歌》以自慰。屯兵潮阳，佐将邹㵯、刘子俊皆引兵相会。时陈懿、刘兴作乱，天祥征之，兴败死。懿走入元，引元兵入潮阳攻之。值乏粮，士卒饥疲，力不能支，引众走海丰，元兵追之，天祥与兵卸甲，饭于五坡岭。元兵突至，众不及战，皆顿首伏草莽。天祥被执，吞月笛子，不死。邹㵯自刎，刘子俊欲以身代天祥，呼曰："我即天祥也。"元兵欲宽其缚，少顷，元别将执天祥至，各争真伪不屈。元烹刘子俊。弘范命解天祥之缚，左右使之拜，天祥曰："不闻桀犬吠尧乎，尧非不仁，盖非其主也。今将军非吾主而妄拜，是二其心，吾不忍为。"弘范义之，以客礼相待。弘范命天祥招宋臣张世杰降。天祥曰："吾不能自扞父母，乃教人叛父母，可乎？"乃以诗寄世杰。诗云："辛苦遭逢起一经，干戈寥落四周星。山河破碎风飘絮，身世浮沉雨打萍。惶恐滩头说惶恐，零丁洋里叹零丁。人生自古谁无死，留取丹心照汉青。"其志终不屈，遂送至燕京。元帝劝其受职，不从，置之高阁五载，终日读书，坦然如故。一日，元帝召问曰："汝何愿？"天祥曰："不二其心，愿赐一死。"帝怜之，命退。他日又召问之，终不肯屈。帝怒，命出斩。临刑谓众卒曰："吾事毕矣。"整衣南拜，遂斩于市。暴尸三日，观者莫不悲泣。其妻欧阳氏收之，容颜如生，衣带内有赞语曰："孔曰成仁，孟曰取义，惟其义尽，所以仁至。读圣贤书，所学何事，而今而后，庶几无愧。"元人怜之，立庙以祀。○江万里，鄱阳人，官为丞相。弟万顷，官为御史大夫。皆有大功于宋，见宋亡，举家属三百口皆赴水而死。元人亦立庙祀之。○张世杰、陆秀夫皆为丞相，尽忠宋室。世杰有外孙韩某仕于元，元三使韩甥招世杰降，世杰不从，与陆秀夫皆溺海而死。元人亦立庙祀之。

覆两宫怅断重洋图　清·佚名

文武百官僚，帝后并妃子。
兵卒十万余，并死东海里。
俱欲争帝畿，势败不可已。
后觅获帝尸，腰间得绶玺。
宋岂无忠臣，天运止乎此。
前后十八代，三百余年纪。

祥兴元年六月，帝舟自谢女峡迁于崖山之滨，见一大星南流，小星数万随之坠海中，声如雷，数刻乃止。○祥兴二年二月七日，元臣张弘范乘舟分四道攻宋，宋师四面受围，不能敌，丞相张世杰知事不利，与副将苏刘义等沿岸脱走。陆秀夫与帝共舟，欲解围脱走，帝舟大难移，秀夫知事不济，先驱家属溺海而死，帝与皇后妃子诸臣尽赴水死。越七日，尸浮海上，元人检之，觅得帝尸，腰间有印绶并传国之玺为验。元人收尸葬于崖山之上，以王礼祭之而去。又二日，张世杰、苏刘义等引残兵，寻遇帝母度宗皇后杨氏，哭诉其敌，曰："我所不忍死者，止为赵氏一块肉耳，今如此，亦无所望。"言讫，投水而死。杰取尸葬于海滨，引兵将趋安南国，寻赵氏后裔立为帝。至平章山下，遇狂风大作，舟人皆惧，欲随风抵岸，必落元人之手。即焚香告天曰："我为赵氏，至矣尽矣，一君亡，又立一君，今又亡矣。我未死者，欲待退元兵以立赵氏，今若此，岂非天意耶！天不欲我复存赵祀，愿大风即覆吾舟。"言罢，舟覆，世杰与众皆溺水而死。宋亡。南宋史：自高宗南渡称帝，在位三十六年；禅位孝宗，在位二十七年；光宗在位五年；宁宗在位三十年；理宗在位四十年；度宗在位十年；恭宗（帝）即位未二年被执；端宗在位三年；帝昺即位未二年，溺于东海。前宋自太祖至钦宗，凡九世，共一百六十八年。南宋自高宗至帝昺，凡九世，共一百五十二年而亡。前后共十八世，通计三百二十年。

寇南宋三路进兵图　清·佚名

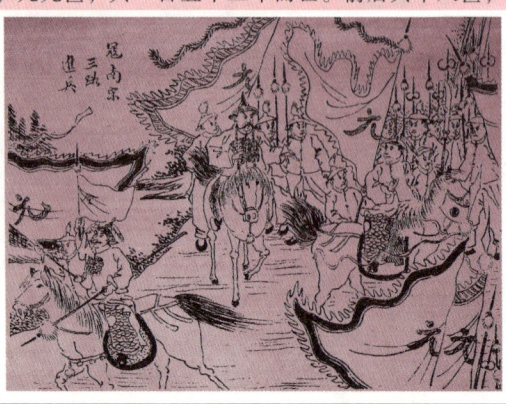

元　纪

起于北方胡地，后入中国，都燕京。因追封太祖曰神元皇帝，改号曰元。

● 大元皇帝兴，其祖本胡人。
灭宋居中国，以德化黎民。
用夏变夷道，风俗尽还淳。

元之先，本胡地蒙古人也，与女真金国为邻，居北方。其远祖名孛端叉儿。母曰阿兰，夜独卧帐中，梦见白光自大窗中入，化为神人，与之同寝，梦觉而孕，生孛端叉儿。状貌奇异，沉默少言，家人谓之痴。母曰："此儿非痴，后世子孙必有大贵者。"及壮，为蒙古部长，子孙世袭其爵；至十世孙，其势愈大，姓奇渥温氏，名曰铁木真。有大志，并吞诸部落，在宋宁宗开禧元年，即位称帝于斡难河之源，号大元太祖皇帝。与宋争衡，并驱中原，用兵如神，灭国四十，僭位二十三年殂。太子立，号为太宗。宽仁恕物，礼贤好士，以孔子五十一世孙孔元攉为衍圣公，世袭官爵，修孔子庙廷，并赠诸贤。元太宗与理宗共灭金，其地皆元所得，国势愈大，太宗僭位十三年殂。太子立，是为定宗，僭位三年殂。皇叔立，称为宪宗。太宗之弟立，称为世祖文武皇帝，名忽必烈，宪宗同母弟也。生于宋宁宗嘉定八年乙亥八月乙卯日。仁明英睿，志略恢弘，初领各道诸路军，屡举兵侵宋，年四十六袭兄位为帝，越十九年始伐宋，并为一统，天下归元。帝知天下军民久为兵困，大赦天下，发粟济贫，诏罢各路军匠人役，免差流民，诏立学校。天下之民喜曰："不意吾君仁德至此，生死足矣。"

清·佚名
兖兵灭宋钱塘潮三日不至图

轻徭薄税敛，节用省繁刑。
躬身于阁老，以礼下公卿。
天下一区宇，四海乐升平。

世祖既居帝位，不自尊贵，老臣则敬之，公卿则礼之；度量宽洪，规模宏远，出于汉唐之上。寿八十岁，改元者二：曰中统、至元。皇孙立，是为成宗。

斡难河雄酋称帝图　清·佚　名

成宗皇帝立,朝野悉调停。
武宗登帝位,下诏封孔庭。
诸贤皆受赠,圣道复高明。

成宗名铁木耳,世祖之孙,裕宗真金第三子也。裕宗早丧,世宗立铁木耳为皇太孙,出抚军北边。及世祖崩,诸王大臣遣使告哀,遂迎即位,号成宗。遵依先帝旧制,宽仁爱士,诏赦天下,罢役免差,蠲商旅之税三之一,蠲民田租十之二。近臣奏曰:"江南贫者多佃富人之田。今所蠲者,施及田主,其佃民未沾圣惠。是恩及富人而不及贫民也。宜令佃当输田主者,亦如所蠲之数。"帝纳其奏,颁诏天下,民多感之。帝在位十三年崩,朝野清平,家给户足,天下晏然,改元者二:曰元贞、大德。皇侄怀宁王立,是为武宗,名海山,裕宗之孙,顺宗长子也。出封为怀宁王。成宗无子,大臣议立之,号武宗。既即位,大赦天下,行先王之礼,诏封孔子为大成至圣文宣王,并赠诸贤爵位。帝性仁爱,勅建天下寺观,崇修佛事,诏天下用钞,每五头抵白银一两,抵赤金一钱,随处立平准法行用,倒换金银布帛;立常平仓,丰年收积,凶年发卖。帝守先君旧业,慨然有创立之志。在位四年崩,改元者一,曰至大。太弟立,称为仁宗。

据大位改元颁敕图 清·佚 名

仁宗英宗继，岁稔世安宁。
人民叨乐业，军旅罢徭征。
廷试取科第，才杰并超升。

仁宗名爱育黎拔，顺宗之次子，武宗嫡弟也。成宗无子，皇侄武宗出封北方路远，仁宗出封近地，知成宗崩，先入国发丧摄政。时有安西王名阿难答在朝，与丞相阿忽台暗谋篡位。仁宗知之，率侍卫军捕下狱，责以变乱祖宗家法，诛之。诸王群臣皆请仁宗即大位。仁宗辞曰："吾兄怀宁王在北方，安敢自专。"固请不许，即遣使迎武宗即位，封仁宗为皇太弟，及武宗崩，仁宗即帝位，大赦天下，以铁木迭耳为相，召儒臣讲《大学衍义》并唐《贞观政要》，诏封宋诸臣，从祀孔子庙庭；崇立学校，教养人才，儒生修文，武士演武。诏天下僧道年少者还俗，奉养父母，老者给牒受戒。遣使臣分十二道，访察民间疾苦，举孝廉，黜贪污，罢各路工匠人役。帝天性慈孝宽让，仁恕恭俭，在位九年崩，寿六十六，改元者二。太子立，是为英宗，名硕德八剌。仁宗得疾，英宗忧形于色，衣不解带，汤药亲调，每夜宫中焚香告天，求以身代。及仁宗崩，帝哀毁过礼，寝苫枕块于地，每日止饮粥，不茹荤；期年之外，不入宫掖。性不喜华侈，不以喜怒行赏罚，不轻黜纳人功罪。参议中书省越法卖官，刑部请之，罪当杖，求于太后，命笞之，帝曰："不可。法者，天下之公，徇私而轻重之，非示天下以公也。"卒正其罪。司农官言先帝以田土分赐诸臣者，悉宜追归于官。帝问所赐为谁。对曰："左丞相阿散所得甚多。"帝曰："卿等当以公心辅朕。卿于先朝尝请征船之税，因阿散奏止之；今所言者，为出人之私仇，非公议也，不足听。"有近臣引进献七宝带者。帝曰："朕登大位以来，不闻卿引进一贤良，今为人进带，是以利诱朕也。"大惭而退。帝性聪直明敏，臣下多惮之。因出畋于上都，被御史大夫铁失脱火赤、枢密使也先铁木儿、大司徒失秃儿等领阿速卫兵谋逆，杀宰相拜住等，弑帝于行在。年二十岁，改元曰至治。皇叔晋王嗣位，是为泰定。

重儒臣规行科举图　清·佚名

元纪

晋王泰定立，可称为治平。
文宗即帝位，以位让于兄。
明宗虽称帝，未得登帝廷。
宁宗年七岁，即位数旬倾。
从此后多事，灾生怪异兴。

泰定名也孙铁木儿，裕宗之孙也。封晋王，出镇北边。因奸臣谋弑英宗，迎立为帝。既即位，按其事，奸臣皆伏诛。以也先铁木儿为丞相，乃蛮台同平章事。帝承祖宗旧业，无所损益，颇称治平，在位未五年而崩。改元曰泰定。帝无嗣，迎周王嗣位，号明宗。明宗与弟文宗同母兄弟，武宗之子也。武宗与弟仁宗乃亲兄弟。武宗出封北边路远，仁宗封近地。当仁帝成宗崩时，仁宗先入国治丧，群臣三请即帝位，固辞不许，遣使迎兄武宗为帝。帝见弟仁德礼让，封弟为皇太弟。约曰："弟万岁后，乃传位于兄子。"及仁宗崩，群臣不遵旧约，竟立仁宗之子为帝，号英宗。在位三年被弑，无嗣。群臣议曰："武宗有子二人，长封周王在北边，次封怀王在江陵，可迎立之。"怀王路近先入国发丧，群臣请即帝位，怀王辞曰："今吾兄以长以德，宜有天下。"群臣再三固请不已，乃下诏曰："权摄位以待兄至。"群臣罗拜，诏勿呼万岁，即日遣使赍诏并传国之宝，往迎周王。遥上尊号曰明宗皇帝，周王见赍国宝自喜曰："吾弟自幼读书知礼，宜立为皇太弟，以传大位。"明宗回至中途，得疾而终，凶闻，群臣乃请怀王即位，是为文宗。在位五年崩，改元者二。帝性宽仁谨厚，节用爱人，家给人足，升遐之日，远近哀慕。群臣迎明宗次子鄜王即位，是为宁宗。年七岁即位，逾月而崩。太师燕帖木儿同皇太后临朝摄政，民间多事，怪异迭生，灾害并作，花木移走，天鼓鸣震，白虹与日同升。时朝廷无主，群臣议立新帝，请旨于文宗皇后，迎皇兄即位，是为顺皇帝。

元宁宗像·明人绘

元文宗像·明人绘

五字鉴

○ 顺皇帝即位，殆政弛经纶。
地震山崩裂，日午见妖星。
嗜欲耽游宴，纵侈困生灵。
岁饥民相食，四海动戈兵。

顺帝名妥懽帖睦尔，明宗长子，出封广西。明宗崩，太师燕帖木儿、丞相脱脱等请旨于文宗皇后。后曰："吾子尚幼，不堪登大位，皇伯明宗有子，吾侄也，年十三，可迎立之。"乃命右丞相阔里吉思、大司徒撒敦等迎帝即位。其时地震、山崩、河决，平地起墩高数尺，妖星昼见，或天降血雨，百物皆赤。帝初即位，知先帝创业艰难，节用理政；在位日久，渐加奢侈，营造土木之工，劳民伤财，费用无度，停止科第，连年水旱，各处蝗虫大作；天下大饥，人民相食，盗贼蜂起。帝犹不悟，于是凿大池造龙舟长一百二十丈，阔三十尺，龙身首尾，足耳眼角俱备，舟中架楼阁，与宫娥侍臣女乐居其上；前后用水手六十人，皆服紫衣金带，船行则首尾爪角俱动。终岁游宴，不理政事。四方大盗并起，或有言者。帝曰："小寇何足畏也。"

董搏霄河北捐躯图　清·佚　名

元纪

● 刘福通作乱,自号红头巾。
陈有谅称帝,水战鄱湖滨。
忠臣三十六,死节于波心。
立庙康山上,千载仰雄名。

刘福通,颍州人也。与栾城人韩山童祖父同结白莲社,烧香惑众。山童倡言曰:弥勒佛某日降生。河南江淮之民翕然信之。福通与杜遵道、韩咬儿同造妖言曰:"山童是徽宗八世孙,今当为中国主。"杀白马黑牛,誓告天地,将起兵。事觉,县官捕之急。福通以红巾裹头为号,遂邀众作反,数月间,聚众数万人。○又有罗田人徐寿辉、麻城人邹普胜共起兵,以红巾为号,与福通为表里,攻陷江西饶、信、抚、瑞、吉、赣、南康、徽州等处,又陷湖广蕲黄、兴国、泰州、兴化等郡,建都于蕲水,国号天完,以徐寿辉为帝,邹普胜为太师,福通总枢政。其后福通又立韩山童之子林儿为帝,建都于亳州,国号大宋。以福通为大丞相,以杜遵道为平章枢密。拆寺观材木为宫阙。徐寿辉移都于汉阳。以陈友谅领平章事,引兵陷安庆、邵武、河北诸郡,加友谅为丞相,掠信州,攻杭州,陷襄阳、荆州等处。友谅自恃功多,与寿辉不睦,遂使人弑之,自称为大汉皇帝。刘福通又迎其主林儿,据汴梁为都,仍称宋帝,以杜遵道总枢政,福通为国师。明太祖高皇帝于顺帝至正十二年癸巳正月,从军救乱有功,封总兵指挥使,百战百胜,屡有大功,加封大都督司马。乙未年六月十三日起兵,自和州渡江,取太平路。丙申年三月取集庆路,续取镇江、广德等郡。丁酉取常州、宁国、江阴、徽州、扬州。群臣上尊号曰天下都统镇国上柱大元帅。次年改称明王。戊戌取婺源等郡,又取暨州、衢州、处州。庚子取信州。辛丑取江州、饶州、建昌。甲寅取江西诸郡。癸卯八月十五日与汉帝陈友谅大战鄱阳湖,友谅败死。元臣三十六人皆死节于湖中,命立忠臣庙于康山之上岁祀之。友谅既死,其弟友定仍称汉帝,后五年被明兵擒诛之。福通等被擒,其党悉平。普颜不花先时镇守江西,陈友谅作寇,屡战有功,其后移守益州,不期大兵卒至执陷,诸将皆降,普颜不花不屈而死。年四十,其妻妾抱子女亦投井而死,二弟抱母而号哭,明兵怜而释之。当时元臣死节者甚多,非但普颜不花一人而已。

援大都爵帅驰归图 清·佚名

五字鉴

○ 诸凶皆僭号，百姓如扬尘。
顺帝知势败，弃位归边廷。
传位凡十帝，功业一朝倾。
光阴能几许，八十九年零。

是时天下大饥，各处兵起。明起义兵，东征西伐，所过归顺，元兵威日丧，人民离叛。灾异迭作，星坠地，化为石，青黑光莹，形如狗头，帝令藏之库。戊申洪武元年七月初三，明兵由中乐渡河取卫都，五日取相州，七日取潼州、德州两路，又取广平，八日取顺德。以后所向，势如破竹，无不降服。闰七月，明兵至通州，元守臣知枢密院事完颜帖木儿率兵力战，不利而死。元帝得报大惧，时御清宁殿，集三宫皇后妃嫔太子公主侍同避兵北行，丞相失列门、枢密院官伯颜不花等谏止，不听。命留淮王帖木儿、右丞相庆童等守燕。帝于二十八夜开建德门出居庸关北去上都。八月明兵至燕，攻城克之。执淮王帖木儿、丞相庆童、总管郭允中、左丞于敬可等，解赴明太祖行营，欲其受降，皆不屈而死，以宾礼葬之。燕平，太祖于甲辰称帝南京应天府，旋灭汉帝陈友谅等。天下虽混为一，犹未安静，元臣扩廓帖木儿等率兵数十万，各分守上都、大元应昌、开平、红罗山等处，元帝出居上都一年，明兵逐之；又居应昌一年，至庚戌年四月，元帝崩，群臣奉梓宫归葬胡地。明年庚戌三月，攻上都，又破太原。七月破开平，取红罗山，九月攻陷应昌，执皇孙买的八剌，缚国公答失木儿，并守臣皆系之。元太子率猛将数十骑从此遁去，元朝失天下，合宇皆归于明矣。元顺帝在位四十一年，改元者三，寿五十一而终。明太祖高皇帝以元帝知顺天命而去，故谥曰顺帝。封元皇孙买的八剌为崇礼侯，其余元臣被执者皆宥之。史记：元自太祖铁木真宋开禧二年丙寅称帝，至顺帝丁未，凡一百六十二年，共十三主。自世祖皇帝忽必烈于至元十六年己卯灭宋，至顺帝十七年丁未共八十九年，凡十帝。○《世纪》：自唐尧甲辰年起元顺帝丁未止，共计四千七百五十四年。

顺帝出走元史告终图　清·佚名

明 纪

太祖明皇帝,生时火烛邻。
红罗浮江至,母拾洗儿辰。
世居在淮右,状貌异常人。
襁褓中多疾,父欲度为僧。
及后双亲殁,皇觉寺托身。
紫衣同寝室,微时有异徵。

太祖姓朱,讳元璋,字国瑞,国号明。世居淮右,父世珍,母陈氏,生四子,帝最小。当生之夕,有光烛天,异香经宿不散。母取河水澡浴,忽有红罗浮至,取衣之,自是室中常有光,邻疑火往救,竟无所见。儿时苦多病,父欲度为僧,其母阻之。年十七值旱疫,父母三兄相继病殁,乃遵先志,托身皇觉寺。在寺多异瑞,有疾,见二紫衣人同寝食,逾月僧乏食,俱散去。帝游江淮三载,仍归寺中。

困涸辙避难为僧图 清·佚名

五字鉴

身虽为僧侣，有志安生民。
稽首伽蓝座，以珓卜前程。
伽神示吉兆，决意去从军。
奋然入濠郡，被执见子兴。
子兴奇帝貌，大悦馆为甥。
有如鱼得水，大权付掌兵。

帝年二十五，有志倡议起兵，卜于伽蓝，以决吉凶，卜而得吉。乃于元顺帝至正十二年，由皇觉寺入濠，至城门，守者执见郭子兴。见帝貌奇伟，召与语，大悦，遂以养女马氏赘之。帝在甥馆，日加亲信，令掌兵权，主征伐，屡有功。

投军伍有幸配佳人图　清·佚　名

○ 一时豪杰附，首推常遇春。
继而徐达辈，先后尽归心。
一举西汉灭，再战东吴平。
三驾元都克，数年帝业成。
天授非人力，定鼎在金陵。

　　遇春胆力绝人，猿臂善射，始从盗刘聚，好掳掠，心薄之。帝驻兵和阳，来归未至，因卧田间，梦神人被甲拥盾呼曰："起！起！主君来。"忽寤，见帝骑从至，拜迎，请为先锋，勿许。帝曰："能从渡江取太平，臣我未晚。"既取太平，元主走开平，春追北数百里。数从帝征伐，所向克捷，一时推名将者徐、常。○徐达用兵如神，喜抚恤其下，所至民皆不扰。好礼儒生，与谈经术古事，雍容如也。从帝屡立战功，平西汉，灭东吴，逐元奔北，为开国功臣之冠。○陈友谅，沔阳渔家人子。初从徐寿辉，旋弑之。据江州僭称帝，国号汉。跨有荆楚，兵卒百万。战于鄱阳，谅欲烧江右之船，天乃反风而灭之，兵败身亡。○张士诚，泰州白驹场亭人。为盐场总司，弟僧轻财好施，颇得众心，据有浙西，僭称王，国号吴。刘基谓帝曰："士诚守虏耳，友谅居上流，宜先伐之。陈氏灭，张氏乃囊中物也。"至是议讨士诚，帝曰："士诚与张天骐相为手足，必先分其势，使其疲于奔命。"于是先攻湖州，天骐降，士诚大失所倚。或亦有劝之降者，士诚不从，自缢死。○冯国用与弟国胜，定远人。帝问国用天下计，国用曰："金陵龙蟠虎踞，帝王之都，愿先拔而定鼎，然后命将四出，扫除群雄，以收人心，天下不难定也。"帝悦从之。

常将军力拔采石图　清·佚　名

帝方御极始，首重在儒臣。
廷师访治道，劝课籍田耕。
毁床却竹簟，俭德实堪钦。
临朝戒母后，预政防外亲。
官不立丞相，政事归六卿。
内侍禁识字，中官不典兵。
皇图古未有，千秋颂圣明。

帝即位，建大本堂，延四方名儒，教太子诸王，以示重道；更命有司购求古今书籍，藏之秘府，以资览阅。○帝耕籍田，尝曰："一以供粢盛，一以劝农桑。"又曰："农桑衣食之本，然弃本逐末，鲜有救其弊者；朕思足食在于禁末作，足用在于禁浮靡耳。"江西省以陈友谅镂金床以进，帝曰："此与孟昶七宝溺器何异，一床工巧若此，其余可知，陈氏安得不亡。"即命毁之。又蕲州进竹簟，上谓中书省臣曰："未有命而来献，恐受之，天下争进奇巧，劳民伤财，自此始矣。"却之。○帝曰："母后临朝，外戚预政，皆非国家之福。"又曰："阉宦不过司晨昏，供洒扫而已。"自后近侍不许读书识字，有言及政事者，即日斥遣还乡，并不许典兵。帝自御极以来，善政多端，汉唐以来，所未有也。

四海归心诞登帝位图　清·佚名

明纪

● 建文本慈仁，如何位不保。
论者咎削藩，燕谋究蓄早。
登陛不拜时，卓敬机先晓。
若听徙封言，靖难兵不扰。
在廷岂无人，齐黄殊计左。
披缁削发逃，误主祸不小。

建文帝名允炆，太祖之孙，太子标之子。标早薨，册立为皇太孙。太祖崩，即帝位，改元建文。因削诸王爵，以致燕王不安，遂起靖难之师。当靖难之兵未起，时燕王来朝，行皇道，入登陛不拜。御史劾王不敬，帝勿问。卓敬密奏曰："燕王智虑过人，酷似先帝。而北平乃强悍之地，金元所由兴也，宜徙封南昌，以绝祸本。"帝览奏大惊曰："燕王骨肉至亲，卿何得言此。"遣之还国。〇齐泰，溧水人。为兵部尚书，是年受顾命辅帝。〇黄子澄，分宜人。为太常寺卿。帝即位，以二人预国政，遂建议削诸藩兵卫。齐泰曰："燕握重兵，素有大志，当先削之。"子澄曰："燕预备已久，卒难图也，今先取周，以翦燕之手足。"于是废周王橚为庶人。燕王因而选将练兵，时有告变者，帝以问泰，泰对曰："但以边防为名，发军戍开平，调燕护兵出塞，去其羽翼，擒之必矣。"不知误国兆祸，由此二人。靖难兵起后，齐泰奔广德，黄子澄奔苏州，曰："徒死无益，不如他之，以为后图。"靖难兵薄金川门，李景隆迎之入城，大内火，帝仓皇无计，程济告以出亡可免。初，太祖授一小匣与帝曰："有急难可启之。"急启之，乃度牒及披剃之具。帝遂削发披缁由御沟出，至郊坛而走。

出鬼门建文逊国图 清·佚名

成祖皇帝立,发迹在燕京。
途歌果有验,燕飞入帝城。
究难逃一字,刘璟语堪惊。
旧君程济出,新主景隆迎。

成祖名棣,太祖之四子,高皇后马氏之所出。初封燕王,起靖难兵,即帝位,改元永乐。初都南京,至永乐十九年都北京。初,建文中有道士歌于途曰:"莫逐燕,莫逐燕,逐燕日高飞,高飞上帝畿。"已而不见。靖难兵起,帝以燕王得天下,其言果应。时刘基之子刘璟逮系至京,见帝犹称殿下,且云:殿下百世后,逃不得一个字,盖谓"篡"字也。帝怒,诏下狱,自缢死。建文初伐燕,以李景隆有文武才,故遣之。不料景寡谋而骄,屡战屡败。及燕兵逼京,景隆开门迎帝。程济闻变,从建文以逃。景后因事下狱,见帝呼曰:"非臣开门,何以有今日。"帝曰:"幸是朕来,若他人汝亦开门耶。"景语塞,就狱而死。

燕王棣诈入大宁府图　清·佚名

明纪

- 朱氏山河旧，朝廷政事新。
  首复诸王爵，灭亲不失亲。
  励精以图治，所用皆贤臣。
  新进奋顾问，老臣寄腹心。
  特命胡广辈，表章唯六经。
  又命姚广孝，纂集文献成。

成祖代建文而有天下，固非异姓革命者比。诏复同姓周王、齐王、代王、岷王等爵，虽逐建文，迹似灭亲，复诸王爵土，其实灭亲而不失其亲。诏令科臣庶务可否，或有失中，宜直言无隐。命考选新进士，才识英敏者，曾棨等二十八人，就文渊阁进学；周忱自陈少愿进学。上曰："有志之士也。"命忱为二十九人，以备顾问。杨荣、杨溥、杨士奇时称三杨，并令居翰林辅导。命胡广等纂集六经，颁行天下，以垂后世。又命姚广孝修《文献大成》书一万余卷，赐名《永乐大典》，凡九经寒暑乃成。

出北塞铭功勒石图　清·佚名

定谒先师礼,皮弁四拜行。
蠲租与赈贷,万姓沐皇仁。
玉碗却贡献,浣濯以章身。
玉帛万方主,俭德由常情。
逆取而顺守,君哉近世英。

郑赐言宋制谒礼,服靴袍再拜。上曰:"见先师礼不可简。"乃服皮弁行四拜礼。河南等处旱蝗,上令使臣往视赈之。苏、松、嘉、湖四郡水灾泛滥,命夏元吉相度水由量,免今年租税。回回结牙思献玉碗,上曰:"朕所用磁器,尽洁素,何用玉碗。"却之。帝服里衣,袖蔽垢,纳而复出,侍臣有颂圣德者,帝曰:"朕日十易新衣,未尝无,但念当自惜福,故每濯浣更进。"

明宣宗坐像　　　　明宪宗像·明宫廷画师绘

○ 洪熙真令主，惜不享其年。
监国二十载，即位政从宽。
赋枣八十万，穷民何以堪。
即命减去半，间阎生喜欢。
坐朝风凛冽，因思边将寒。

洪熙名高炽，成祖长子，永乐三年立为太子。文皇幸北京，留太子监国。永乐十八年，太子过邹县，见民饥，入民舍，有灶釜不治者。顾中官赐之钞，且辍所食以偿，责令郡县发粟赈济。到京奏知，文皇大悦。至永乐甲辰始即帝位，建元洪熙。群臣朝罢，召杨士奇谕曰："监国二十年，为谗慝所构，心之艰危，三人共之，赖皇考仁明，遂得保全。"盖指内侍黄俨等诡言谮上故也。杨士奇入奏事，上望见，笑谓蹇义曰："新华盖学士来奏事，必有理，试共听之。"士奇奏赋山东枣八十万斤以供香炭，民何以堪。上喜曰："吾固知学士来，言必有理。"命减半。一日，帝御西角门视朝。时值风寒，谓侍臣曰："今日始寒，朕与卿等居重城，犹觉凛凛，守边将士又当何如！"遂敕赐钞币。

杨士奇像　清·佚　名　　　明仁宗朱高炽像　清·佚　名

明纪

大赦建文党，更复原吉官。
取士收南北，诽谤无罪愆。
善政难枚举，史册著班班。

常御札付礼部曰："建文中奸臣正犯已诛，家属发教坊司、浣衣局及功臣家为奴者，悉宥为民。"往者，夏元吉谏成祖北征，系狱。成祖崩于榆木，讣至，帝临系所与共哭，复其官，令出视事。又谕礼部曰："科举之士，须南北兼收，南人虽喜文词，而北人厚重。自今取士：南人六分，北人四分。"法司以罗织为功，有片言涉国事者辄为诽谤。帝曰："今日所急在下情，诽谤之禁行，人皆以言为讳矣！自今诽谤者勿治。"

享太平与民同乐图　清·佚　名

● 宣宗皇帝立，天性最英明。
时当高煦变，锐意往来征。
赵王为宗室，保全宜不轻。
识本陈山黜，并及罢张瑛。

宣宗名瞻基，仁宗长子，永乐九年立为皇太孙，时文皇帝幸东苑，帝侍从。谓之曰："今日华夷毕集，朕有一言，汝当对之。"曰："万方玉帛风云集。"太孙即对曰："一统山河日月明。"文皇大喜。又命从行北京，文皇谓明广曰："朕长孙智勇过人，今令侍行，俾知用兵。"成祖次子汉王高煦反，帝亲征，执至京，锁系大内。一日往视，煦伸一足，勾帝仆地。帝怒，命壮士舁铜缸覆煦，煦有力负缸，缸起，积炭如山，举火焚之。高煦已擒，陈山请执赵王。杨士奇谏曰："不可。今日宗室唯赵王最亲，当思保全之。"帝曰："然。"陈山以从龙旧臣入内阁，不厌人望，上亦察之。谕曰："内阁政本之地，岂可令斯人溷也。"乃并张瑛俱罢之。

六师讨逆高煦成擒图　清·佚　名

明纪

士奇识政体，勤访即敷陈。
幸宅曾伏谏，以后不微行。
猗兰招隐作，豳风书殿廷。
时下宽恤诏，民间不滥征。

　　帝微行幸杨士奇宅，士奇俯伏，言："陛下奈何以宗庙社稷之身轻出乎？"帝笑曰："思见卿一言，故来耳。"士奇曰："车驾今夕俯临，外间必有知者，自此万万慎出，事变不测，当虑也。"帝曰："爱朕者莫如汝，自今不复微行。"帝自即位以来，下诏求贤，尝作《猗兰操》《招隐诗》以寓意，赐内外诸大臣。一日，帝得赵孟頫所绘《豳风图》贴于便殿之壁，以便观览，欲如周公告成王，使知稼穑之艰难。○帝谕杨士奇曰："朕欲下宽恤之令，免灾伤税粮，当是首事。闻民病尚多，各部蔽不以闻，汝所知，其悉言之。"士奇对曰："各处官田起科不一，而租额皆重，当量减除。"

豳风图　明·文徵明

● 正统少登极，初政犹可观。
贤后内赞理，三杨外辅贤。
便殿宣懿旨，欲诛王振奸。
帝跪为之解，太后亦回颜。
所言多微中，渐见信任坚。

　　正统名祁镇，宣宗长子。九岁即位，尊祖母张氏为太皇太后，母后孙为皇太后。帝幼冲，或请张太后垂帘听政，不许。凡朝政白于太后而后行，其辅政任用三杨：杨荣、杨溥、杨士奇。唯杨士奇能持公论，杨荣能宽恤小民，凡事循守旧规。皆云西杨士奇之文学，东杨荣之政事，南杨溥之清雅，人所不及。正统元年，太后御殿，召大臣三杨张辅等入见，帝东立，顾谓帝曰："此五人先朝所简，以贻皇帝，凡所行必咨之。"继宣王振至，太后颜色顿异，欲诛之。帝跪为之解，诸臣皆跪，乃得解。每日必遣中官至阁，问有何事而商榷，即以揭闻。某日中官某以某事而议，太后乃以所白验之。故正统初，天下太平，皆太后之力也。王振初事上于东宫，所言无不从，思窃大权，所惮者太后、三杨耳。及太后崩，杨荣殁，士奇已致仕，坚卧不出，溥年老势孤，内阁之政为王振所窃。生杀予夺，尽出其手，人争附之。

受主知三老承顾命图　清·佚名

边疆不克守,也先入寇关。
亲征振挟帝,蒙尘土木间。
中华幸有主,帝尚得生还。
景泰虽代位,疾草复乘权。
还我土地谣,事非出偶然。

及北虏脱欢也先入寇边塞,城堡多陷。王振不与大臣计议,欲挟天子帅师亲征,百吏恳留不从。驾至土木地方被围,虏拥帝北狩。帝既陷虏营,京师大震。皇太后令郕王权理国政。此时人心危疑,思得长君以弭祸乱,于是即位于奉天门左,改元景泰,天下人心始定。○帝陷虏,也先屡欲谋还而不能至,景泰元年,驾始还都。居南宫七年,石亨等始谋复位。时京师童谣曰:"雨帝雨帝,城隍土地,雨若再来,还我土地。"成群呼叫,不知所以解者。谓雨帝者,与弟也;城隍者,郕王也;再来还土地者,复位也。后帝果复位,改国号曰天顺。

历朝贤后故事册之亲掖銮舆 清·焦秉贞

● 景泰初监国，人情尚动摇。
一自升黼座，守固国本牢。
也先犯帝阙，太监喜宁招。
南迁计最下，备御策为高。
上皇传使命，密把喜宁枭。

景泰名祁钰，宣宗次子，贤妃吴氏所生。初封郕王，正统十四年，英宗北狩，皇太后命监国政。初，人情汹汹不安，自帝一升黼座，天下始知有君，而国本固矣。时北虏也先长驱至京城，西北关外，一时文臣武将，无任张皇，战守不一。帝问计徐珵，珵泣对曰："验之星象，荧惑入南斗，久不退舍，京师不可守，必须南迁。"于谦力言不可。太监金瑛叱之，即夏瑄亦言虏能野战，短于攻城，宜坚守，使进无所得，退复气沮，然后出奇伏道击之。

于谦勤王图 清·佚名

强虏失向导，上皇得返朝。
人心未厌德，喜掌旧山河。
奈何南宫锢，不闻逊国逃。
易储已忍矢，伐树薄如何。
嗣殇身复殒，天命自昭昭。
石亨张軏谋，迎复亦何劳。

土木之败，太监喜宁降于也先，尽以中国虚实告之，遂为向导，也先复入寇边，且不欲送上皇还京。上皇乃与袁彬谋，遣喜宁传命至京，密令宣府总兵杨俊诛之。喜诛，虏失向导。杨善至，虏乃归上皇驾至京。会议奉迎，千户龚遂荣言，上皇之出，为社稷计耳，今都人闻驾旋，无不喜跃，主上当避位恳辞而后受命乃可。及上皇自东安门入，今上迎拜推让良久，乃送上皇于南宫。上乃废英宗太子见深，立己子见济。未几济卒。上皇居南宫，御史言南城多树，事叵测，遂尽伐之，当时盛夏，上皇常依树息凉，及伐树，惧甚。石亨乃与张軏谋迎复上皇。徐有贞知乾象，曰："时在今夕，不可失也。"

明太祖像　明·佚名　　　明成祖像　明·佚名

○ 宪宗皇帝立,孝养两宫崇。
忘嫌还景号,复秩识于忠。
彭俎与商去,宵小大廷容。
刘万居宰位,汪直据要冲。

宪宗名见济,英宗长子,周太后所生,初名见深。郕王摄政,册为皇太子。景泰三年,降封沂王。天顺元年,改见济,立为皇太子。至是登位,年十九,建元成化。帝受英宗遗命,上两宫徽号,钱太后加慈懿之称,生母周氏尊封太后,帝事两宫如一。帝欲复景帝庙号,遣太监怀恩至内阁议,商辂曰:"皇上此举,尧舜之盛德也。"于是敕复郕王帝号,谥曰恭仁康定景皇帝。于谦为石亨辈所诬,太后不知;至是其子于冕讼父之冤,帝悯之,追复其官。时彭时以正直立朝,病卒。商辂疏汪直十罪,上即日撤去西厂,由是见忤汪直,遂请归休。商辂去,万安为相,复西厂。

树威权汪直窃兵柄图　清·佚 名

妖人李孜省，夤缘入禁中。
更兼僧继晓，以秘术潜通。
从此言路塞，正人皆远踪。
怀恩虽抗直，可惜不能容。

初，帝锐意欲知外事，另置厂于灵济宫前，号东厂，以别西厂也。纵直出入，直疏大政小事，方言俚语悉采以闻，于是势倾中外，附之者立跻显荣，忤之者即遭祸谪。又加以李孜省、僧继晓左道惑主，朝政愈坏。李孜省者，江西人。尝为吏坐赃，逃至京，夤缘入禁，以符水得幸。继晓者始以淫贪欺诳楚府，事败匿京，夤缘梁芳等引入禁中，其术得售，尊为善世。虽有李怀恩之抗直，阿丑之诙谐，亦无补于时事矣。

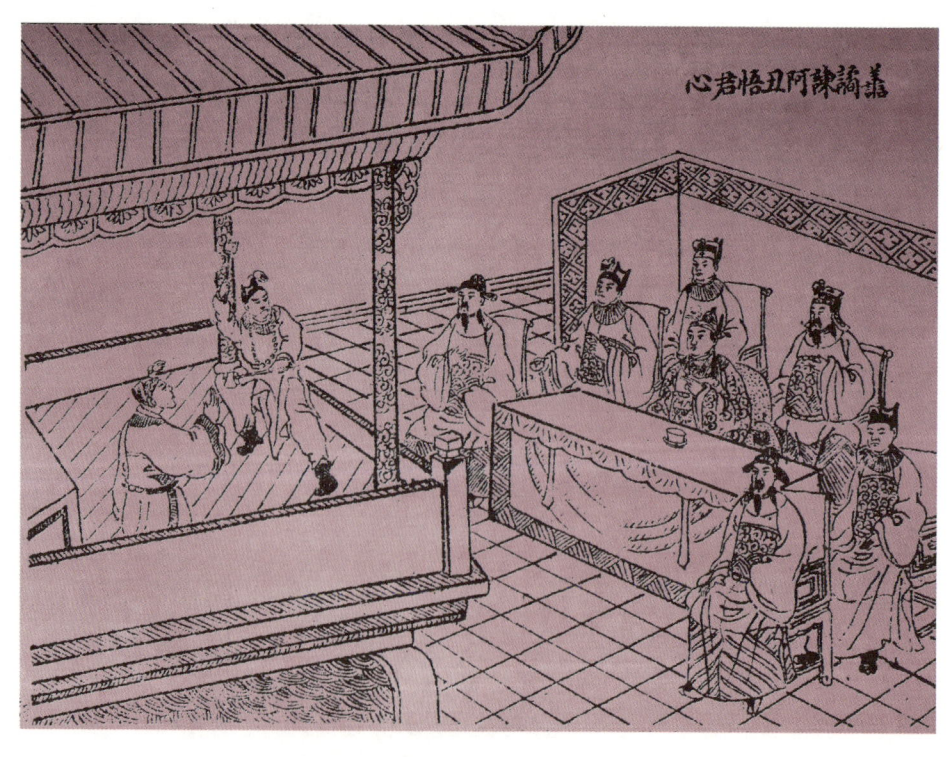

善谲谏阿丑悟君心图　　清·佚　名

弘治称贤主，仁孝复俭恭。
从容频顾问，四相一心同。
万尹俱罢斥，孜省诛不容。
台阁皆时杰，将佐备边戎。
可惜邹智贬，诗句写孤忠。
崇佛信斋醮，寺观侈修葺。
虽为盛德累，千古仰皇风。

孝宗名祐樘，宪宗三子。纪妃生子西宫，妃少乳，太监张敏以粉饵哺之，护视唯谨。及祐极太子薨，内宫渐传西宫有皇子六岁矣。万贵妃惊而召入，立为太子。宪宗崩，孝宗年十九，即帝位，建元弘治。帝仁孝谦恭，出自性成，任用徐溥、刘健、李东阳、谢迁四相，健与李、谢二人尤同心。时人语曰：李公谋，刘公断，谢公尤侃侃。上在东宫，稔知万安、尹直之恶，故一即位，一时罢去；稔恶李孜省有罪伏诛；僧继晓发原籍为民，后亦伏诛；方士太常卿赵玉芝及邓常恩等皆谪戍边。一时文臣武将有协恭之美，号称得人。所惜者刘吉嘱魏璋劾御史汤鼐与知州刘概妄言朝政，又嫉庶吉士邹智，因入智名，诏下狱，坐妖言罪死。王恕上疏极谏，乃改戍汤、刘，降智吏目。智狱中写怀诗曰："人到白头终是尽，事垂青史定谁真。梦中不识身犹系，又逐东风入紫宸。"辞朝诗曰："尽披肝胆知何日，望见衣裳只此时。但愿太平无一事，孤臣万死更何悲。"其忠爱之意溢于言表如此。至于崇尚佛教，竭民力以营寺观，不可谓非盛德之累也。

罪直谏杖毙言官图　清·佚名

正德好游宴,神器不关怀。
八党时并起,刘瑾罪之魁。
巧伪以惑主,韩文极力排。
阉势虽难胜,较胜伴食才。

> 武宗名厚照,孝宗长子,张太后所生,为皇太子。年十五登帝位,建元正德。时"八虎"为内史。刘瑾、张永、魏彬、罗祥、丘聚、高凤、马永成、谷大用,号称为"八虎"。唯刘瑾最为阴狡,有口便。瑾恃青宫旧恩,日导上狗马、鹰犬、歌舞、角觝为乐,渐弃万几。韩文忧之,每退朝,对属吏言,辄泣下。上疏劾瑾置造巧伪,淫荡帝心,乞付之有司正罪。刘健亦上书请诛刘瑾等。帝方才允奏,执瑾下狱。瑾跪帝前泣诉,帝反命瑾掌司礼监。俾揽大权,心忌韩文,因以他事故罢其职。韩文乘一大骡宿野店而去。时李东阳为少师,与时浮沉,不出一言,时人以诗刺之,有"伴食中书日又西"之句。

返豹房武宗晏驾图　清·佚　名

○ 盗贼时蜂起,四海受其灾。
帝犹不知悔,纵乐竭民财。
且厌居大内,欲遍天之涯。
自称为朱寿,谏臣不保骸。
行至豹房殁,悔之亦晚哉。

　　自刘瑾乱政,故盗贼蜂起。有赵风子者陷泌阳,前大学士焦芳遁去,发其冢,取其衣冠。被庭树,数其罪而斩之。继而刘六、刘七、齐彦名等亦起为乱。帝犹不知悟,欲自称朱寿巡边,命梁储草敕,储不肯,以手剑逼之。储曰:"以臣为君,死不敢奉命。"又欲遍观宇内,舒芬等一百八十余人以死谏。受杖贬斥而死者有陆震、余廷瓒、刘校等十余人。时京师阴霾昼晦,人情震骇,宫城内海子水溢桥下,铁树七根齐折如斩。时王守仁讨平宸濠,捷音未至,而帝已下诏南征,群臣屡请回銮,不听。复又游苏杭,溯湖湘,登武当渚,畿内郡县苦之。行至豹房,寝疾而崩。始悔前事之误,不已晚乎。

胡宗宪用谋赚海盗图　清·佚　名

嘉靖继大统，生时有异征。
河清既表瑞，庆云象复呈。
嗣位为人后，议礼举朝纷。
王杨争益力，伏哭奉天门。

世宗名厚熜。弘治丁卯八月，黄河清者三日，凡九十里。庆云见翼轸分。是月献皇后蒋氏生帝于安陆。至辛巳帝年十五。武帝无子，遗旨以皇考亲弟兴献王长子为宪宗纯皇帝孙，此伦序当立，且遵太祖兄终弟及之训。即遣文武大臣往兴邸迎世宗，入绍大统，建元嘉靖。帝谓仪制曰："遗诏以吾嗣皇帝，非为太子也，此所具仪何谓也。"革正德年滥封并巧立名色升武职三千员，积年宿弊，一旦顿清。时廷议献皇帝尊号，多引宋濮王事例，言当考孝王而叔兴献。张璁首建言濮王之议非，但今日之事不同。仁宗无子，今孝宗有武宗为之子；仁宗育英宗于宫中，今皇上未尝育于孝宗。濮王有众子，今献皇帝止皇上一人。帝以世子入继武宗统，非继武宗嗣也。今以后武宗，则弟；以后孝宗，孝宗自有子，奈何舍献帝勿考而考孝宗。使献帝有子而无子，帝有父而无父哉。帝喜，因手敕谕杨廷和等。对曰："《礼》为人后者为之子。臣不敢阿顺。"封还手敕。帝不悦。王元正等亦力争宜以孝宗为考，而称献皇为叔，与何孟春等人俱跪伏左顺门，杨慎、王元正乃撼奉天门大哭，群臣皆哭，声振阙。

伏朝门触怒世宗图　清·佚名

迎合加清秩，异议为编氓。
大礼既已定，符瑞又复兴。
静摄求仙寿，谨事陶典真。
海瑞疏奏上，知悔尚留情。

　　上大怒，命录为首者俱下狱。帝命定议礼诸臣罪，以杨廷和为罪首，编氓。至于张璁等加翰林学士。是时议礼既定，帝欲命东宫摄国，静摄一二年。杨最上疏谏曰："上谕至此，不过信方士调摄耳。若能不近声色，保复元阳，仙寿不求自至。"帝怒，逮讯死狱中。帝以方士陶典真为神霄保国高士，分遣御史王大任等访求仙人异术及符箓秘方。海瑞乃上疏曰："夫玄修以求长生，然尧、舜、禹、汤、下历汉、唐，未有至今存者；陛下师事仲文，而仲文已死；彼既不得保其身，陛下何独神其术乎！"帝怒投于地，下瑞狱。已而复取再读之，叹息自悔，疏竟留中。

议典礼廷臣聚讼图　清·佚　名

明纪

五字鉴

● 严(yán)嵩(sōng)父(fù)与(yǔ)子(zǐ),一(yí)任(rèn)肆(sì)贪(tān)嗔(chēn)。
曾(zēng)铣(xǐ)受(shòu)其(qí)毒(dú),继(jì)盛(shèng)祸(huò)相(xiāng)仍(réng)。
赖(lài)有(yǒu)邹(zōu)应(yìng)龙(lóng),弹(tán)劾(hé)正(zhèng)典(diǎn)刑(xíng)。

严嵩,江西分宜人。一子世蕃,号东楼。其父嵩入内阁预机务二十一年,贪婪狡侩,罪恶贯盈。以隐忍鄙懦为熟计,以依附柔奸为尽节。子世蕃招权纳贿,时吏部、兵部选官,持簿上嵩填发,凡科道部属屈膝嵩者超职;劾嵩者受害,重则戮而轻则戍。时曾铣为三边总制,慷慨任事,不避艰险。嵩忌之,论铣开边启衅,斩于市,妻子流三千里。杨继盛疏劾嵩误国十罪,杖一百下狱,其妻上疏乞代夫,为嵩所抑,遂遇害。临刑诗曰:"浩气还太虚,丹心照千古。平生未报恩,留作忠魂补。"人皆传诵怜之。幸御史邹应龙劾嵩子世蕃凭势专利,私擅爵赏,诏即逮捕下狱,处斩。其父嵩令致仕,金银财货抄没入官,天下称快。

劾严嵩拼死留名图　清·佚　名

至若师孔圣，易主祀长馨。
大内毁金像，给商而括金。
既作无逸殿，复颁敬一箴。
数事亦足法，不可谓无称。

孔子历朝皆知崇祀，元武宗加封大成至圣文宣王，至帝改为大成至圣先师孔子，且以塑像有亵圣礼，易以木主祀之，祭用笾豆十，乐用《八佾》。又立启圣祠，祀叔梁纥，以颜无繇、曾点、孟孙氏配飨。帝又能从赵王言，毁元明宫佛像。括金一千三十两，给商以偿宿逋。至于无逸[殿]、豳风亭之作，非侈游观，无非为民。及其成，召翟銮等同观取获，乃曰："农之辛苦，见于纸上，不若亲见之为真，所谓粒粒皆辛苦也。"命书《无逸》篇，御制文以记之。并颁《敬一箴》于天下学校，此数事亦可为后世法也。

真宗祀鲁图　清·佚名

五字鉴

● 隆庆甫即位，美政犹可称。
旌忠谥继盛，报功赠守仁。
举直释海瑞，错枉戮王金。
生录死者恤，赏罚至公行。
裁革内局匠，却去进鲜舲。

> 穆宗名载垕，世宗三子。初封裕王，世宗崩，即帝位，建元隆庆。吏部奏：先朝建言诸臣如杨继盛等十三人戮死者，诏复原职，继盛赐谥忠愍，王守仁赠新建侯，谥文成，释海瑞于狱，起为南御史。下方士王金于狱，论死。裁革内府本监局匠六十二员。进鲜舲骚扰地方，及承天府香米等物，不许进献。

明穆宗像　清·佚　名　　　　　明世宗像　清·佚　名

- 主德似难议，究之德未纯。
苑设秋千架，费侈鳌山灯。
李芳遭锢禁，仰庇杖编氓。
灾异宜叠见，男化妇人身。

> 帝似有愿治之意，无奈侈心忽萌，户部以银十万供鳌灯费，詹仰庇谏止之，而廷杖一百。李芳，贤太监也。常谏上忤旨，又为同列潜之，命廷杖系狱待决。宜其灾异叠见，如陕西民李良雨往外为商，一日化为妇女，与同商者苟合为夫妇。其弟良云以事上闻。他如栗生桃李，纷纷告异，不可胜记。

审张差宫中析疑案图　清·佚　名

● 神宗初践祚，其年甫十龄。
便知隆师傅，政柄付江陵。
天下为己任，相业炳明廷。
只因揽权盛，抄没祸其身。
帝享国祚久，法祖实录呈。

神宗名翊钧，穆宗太子。年方七岁即帝位，建元万历。帝六岁为太子，时遇阁臣于御道，召谓曰："先生良苦翊赞。"辅臣谢曰："愿殿下勤学。"答曰："方读《三字经》。"既而曰："先生且休矣。"睿音清亮，听者悚悦。张居正，湖广江陵人。初受顾命，帝敬礼之，凡传旨批奏而不名。居正见帝优恩相待，亦以天下为己任，尽心辅政。惜其恃宠居功，末路恣行胸臆，不用善类，排挤忠良，以致身名俱败，子孙随及。居正既殒，帝亦励精图治，而享有五十年太平之福。一日，览《贞观政要》，曰："唐太宗多惭德，魏徵大德有亏，经筵不必进讲。"命将累朝宝训实录都誊写装潢进览，以裨治道。

绕法坛迓来仙鹤图　清·佚　名

○ 加奖崇正学，增祀理学臣。
不为糜滥费，不膳难得珍。
及后矿使出，滋蔓民不宁。
好胜与好货，张疏中病根。
无怪氛祲告，牛羊人面形。

> 时有诋王守仁、陈献章各立门户，阁臣疏曰："守仁致知出于《大学》，良知本于《孟子》；献章主静，沿于宋儒，岂自创立门户耶。孝友出处如献章，气节文章事业如守仁，而谓之禅可乎。"命与薛瑄、胡居仁并从祀学宫。时御史馈送滥甚，帝谕阁臣曰："御史为朝廷耳目，在外库藏钱粮，正该盘查，反拿来馈送，罪为更重。"一日，膳中有鳖，帝问于何处得来，侍者以郊外对。帝曰："今后勿再进，毋犯御史法禁耳。"○给事包见捷疏论临清矿使搅民，又论矿官滋漫，又论边镇矿市为患更烈。一月三疏，降为典史。未几，临清百姓殴税使马堂几死，朝廷之威大亵，而见捷之言若左券。故御史张养素有好逸好疑、好胜好货之疏，深中帝之病根。宜其时有乳牛产犊，人头人面，俱红色无毛无眼。又杀羊，有小羊人头人面羊身。异鼠渡江，蜻蜓蔽空之异也。

邹应龙应梦劾奸图　清·佚　名

明纪

○ 泰昌国祚促,在位一月殂。
所恤唯民命,矿税停斯须。
发帑犒边卒,起废振皇图。
若得享年永,善政不胜书。

光宗名常洛,神宗长子,建元泰昌。帝年三十九岁践祚,英明爽达,励精图治,言听谏从,旬月之间,百废俱起。降旨撤回矿使马堂等,言先帝开矿抽税,为因三殿与两宫未建,帑内空虚,权宜采用。及户部加派各省田地钱粮并矿税,尽行停止,以苏民困。且以边檄传急,令徐光启督练军兵为内卫,因发帑金百万两,犒九边,中外欣然望治,如诸臣先朝抗言得罪者,皆起用。若使帝久于在位,想其政事治功,当轶唐宋而上矣。

明光宗像　　　　　徐光启像·清人绘

● 天启昏庸极，任用魏忠贤。
小忠迎上意，大恶弄机权。
客氏相依附，表里共为奸。
大小臣遭辱，不知几百千。
交章劾珰恶，首发是杨涟。
帝昏犹不悟，忠谏反招愆。
怀宗甲申变，此时祸已延。

> 熹宗名由校，光宗长子，十六岁登极，建元天启。魏忠贤，河间肃宁人。帝乳母客氏。杨涟首发其奸，劾忠贤二十四罪。中书舍人吴怀贤读涟疏击节痛快，遂加圈评旁注。凡对亲属僚友，辄寓感愤，义形于色，珰闻而恶之，遭其诬陷。珰之奸恶未大炽时，尚有纠者，自甲子秋后，大权独揽，自是搏击正人，非曰门户，则曰邪党，一时善类空而正气塞，女子小人朋淫不道，如此而犹恩加三等，弟侄留荫。迨弥留之际，又眷眷以任用忠贤为嘱，真所谓至死不悟者也。国运至帝已坏，岂是怀宗之咎乎哉。

明纪

魏忠贤喜得点将录图　清·佚　名

怀宗虽丧国，其实一明君。
锄奸夷灭魏，客氏碎其身。
群凶皆授首，可以慰忠魂。
此时人望治，智勇服深沉。

怀宗名由检，光宗第五子，初封信王。熹宗患病，阁臣请信王入内问安，魏忠贤欲袭赵高覆辙、王莽故技。当熹宗崩，文武百官即奉懿旨，具笺三请信王登极，建元崇祯。即位时，忽天鸣。科道九卿杨维垣等交章劾忠贤客氏等罪恶贯盈，万死有余辜。奉旨将忠贤、客氏，抄没其家，贬忠贤往凤阳守祖陵。夜宿传舍中，见杨涟、左光斗等冠带上座，神魂飞散。又闻许显纯等拟极刑，忠贤与呈秀等自缢传舍。奉旨斩首，以谢天下。但忠贤屠害忠良，皆客氏阴谋。诏客氏，客光先，先剥乳，打肉碎骨立而死。其余族党尽行伏诛。帝智勇兼备，威足除奸，勤政不息，留心用人，搜罗天启间削夺闲住官六百余员，皆起用。仁以抚民，智以烛奸，可谓圣明之主也。时日讲温体仁入阁，称为阁老，童谣曰："崇祯皇帝温阁老，崇祯皇帝遭瘟了。"自是果盗贼四起，体仁全无匡救之略。流贼李自成等内逼，帝命府部各陈战守事宜，有言南迁及东官监抚南京者。上怒曰："国家至此，无一忠臣义士为朝廷分忧，而谋及若此。夫国君死社稷，古今之正，朕志已定，无多谈。"

扰秦楚闯王僭号图　清·佚　名

明纪

且虚怀纳谏，宵衣旰食勤。
只因温阁老，毫无匡救勋。
饥民乱四起，童谣道得真。
中原无净土，到处血流腥。
满族入华夏，国号称大清。

彰义门启，李自成大队疾驱，沿途杀掠，内城陷。上同太监王承恩幸南宫，登万寿山，望烽火烛天，徘徊逾时，回乾清宫。命成国公提督军事，夹辅东宫，犹呼进酒，连沃数觥，叹曰："苦我民尔。"以太子永王、定王分送外戚，语皇后曰："大事去矣。"各泣下，宫人环泣。上挥去，令各为计，后自缢，号公主至，挥剑断左臂，悚慄而止，又斫所御妃嫔数人。少顷，服靴，持三眼枪，随内竖出东华门。天且曙矣，上御前殿，鸣钟集百官，无一至者。乃回南宫，登万寿山之寿皇亭自缢。承恩对缢。上披发御蓝衣，跣左足，右朱履，衣前书曰："朕薄德匪躬，上干天怒，然皆诸臣之误朕也。朕死无面目见祖宗地下，去朕冠冕，以发覆面，任贼分裂朕尸，勿伤百姓一人。"已而自成飏去，大清定鼎而明亡。

明怀宗煤山殉国图　清·佚名

○ 清代传十主，辛亥遂鼎革。
废除君主制，肇建为民国。

清朝年号：顺治、康熙、雍正、乾隆、嘉庆、道光、咸丰、同治、光绪、宣统。

平安春信图 清·郎世宁

围猎聚餐图 清·郎世宁

指点江山图 清·闵 贞